JN011100

子育て支援の経済学

山口慎太郎

日本評論社

■ 子育て支援の3つの役割

　世界中で出生率の低下が進むなか、**子育て支援**のための政策が多くの先進国でますます重視されている。もちろん日本もその例外ではない。保守的とみなされた安倍晋三政権でも、アベノミクス成長戦略「新・三本の矢」の第二の矢として「夢をつむぐ子育て支援」を据え、「希望出生率1.8」の実現を目標とした。こうした姿勢が後継の菅義偉政権にどの程度受け継がれるかは現段階では未知数だが、不妊治療の保険適用を自民党総裁選で公約に掲げるなど、少子化対策への関心はみせている。

　ほとんどの子育て支援策の目標は、**出生率の向上**とされることが多い。少子高齢化が進み、少数の現役世代が多くの引退世代を支えるために、出生率の引き上げが社会的に望まれていることは確かであるが、子育て支援策の役割はそこにはとどまらない。この本で取り上げるように、子育て支援策には、子どもの心身の健全な発達を促すことを通じて、**次世代への投資**を行うという重要な役割がある。近年のさまざまな研究が、幼少期の教育や環境がその後の人生に大きな影響を及ぼすことを明らかにしてきた。保育のような子育て支援策には多額の公的支出をともなうが、次世代の人々がよりよい人生を送り、彼ら・彼女らがよい社会を築くうえで不可欠な投資なのだ。さらに、子育て支援策は**女性の労働市場進出**の助けとなることも見逃せない。男女平等の観点からはもちろん、経済成長の観点からも女性の労働市場進出は歓迎すべきことだ。労働力不足が懸念されるなかで、女性の働き手が増えることは問題解決につながるし、労働力の多様性を実現すること

はイノベーションの促進にもつながることが明らかにされてきている。

■ 確かに効果のある政策は何か？

この本では、政府が行う子育て支援、より具体的には育児休業（育休）制度や保育制度、そして児童手当といった諸制度・諸政策についての経済学研究から得られた知見を紹介する。重視するのは**実証研究**、ないしはデータ分析が明らかにする**因果関係**だ。さまざまな子育て支援策について、「期待されたような効果は本当にあったのか？」「あったとすればどの程度の大きさなのか？」といった点を明らかにしていく。「効果のある政策はより大規模に行い、効果がないことが明らかになった政策は縮小・廃止する」といった姿勢で取り組むことで、長期的には効率性の高い経済・社会を実現することが期待される。子育て支援分野における**実証結果に基づく政策形成**（EBPM：Evidence-Based Policy Making）に寄与するのが、本書の目的の1つだ。

子育て支援策について論じた書籍には、すでに優れたものがいくつか出版されているが、**因果関係を明らかにするエビデンスの紹介を重視する**のがこの本の特徴だ。ある子育て支援策が行われた時期から出生率が上がったり、女性就業率が上がったりしたからといって、それらが子育て支援策の成果なのかどうかは明らかではない。同時期に、たまたま景気が良くなったのであれば、その結果、出生率や女性就業率の上昇がみられるだろう。ある政策がどのような効果を持ったのか評価するには、それにふさわしい統計的な分析手法がとられなければならない。子育て支援策の効果を明らかにしたと称する研究論文は多数あるが、そのなかでも一定程度、分析の質を保って、政策と出生率や女性就業率の間の因果関係を明らかにすることを試みた論文は多くはない。この本

は、そうした質の高い研究に絞って紹介する。

　エビデンスを紹介するにあたっては、それがどのように導き出されたかがある程度理解できるように、分析手法についてもわかりやすく解説している。ただし、本文では数式を使わずに、グラフを利用して視覚的に因果関係を導くための議論が理解できるように工夫した。統計の専門的な知識がなくても、そのエッセンスを知ることができるはずだ。一方、より厳密な議論を知りたい読者は、巻末付録で詳細な議論を追うことができる。

　もちろん、この本では**経済学**の議論も押さえている。単に実証分析の結果と統計的分析手法を紹介しているだけではなく、「なぜ政策的対応が求められているのか？」「どのような政策が社会にとって望ましいのか？」「政策はどのような効果を持つと考えられているのか？」といった点について、経済学の理論に基づいた説明も行っている。この本を通じて、子育て支援策についての経済学的分析の全体像をつかみとってほしい。

■ 本書の読み方・使い方

　この本が想定する読者は、子育て支援のための政策に関心のある一般の方々である。当事者としての子育て世代はもちろん、日本社会や政策について関心のある人々を広く対象にしている。この本のいたるところで経済学の概念や分析手法が出てくるが、前提知識を想定せず、その都度丁寧に説明するよう心掛けたので、経済学や統計学を学んだことがない人でも無理なく読み通せるはずだ。一方で、すでに一定の知識を持っており、より進んだ数式を含む議論も学びたい読者のために、章末には経済理論の、巻末には実証分析の詳細を解説した付録をつけてある。官庁やシンクタンクで専門的な分析を行う方々や、学習・研究に取り組む学生の方々は役立ててほしい。

また、この本は経済系に限らず、広く人文社会系の大学で学ぶ学生の方々も読者として想定しており、本文だけなら専攻にかかわらず読めるように書かれている。授業やゼミで活用される場合は、習得済みの知識や数式に対する理解度に応じて、章末補論や巻末付録を授業や課題に組み込んでいけば、経済学部上級や大学院修士課程でも利用可能だ。授業等での活用を助けるために、出版社のサポートサイトに講義用のパワーポイントスライドを用意しているので、利用を希望する先生方はそちらも確認してほしい。

サポートサイト（日本評論社ホームページ内）：

https://www.nippyo.co.jp/blogkeisemi/booksupport_guide/55903-5/

■ 本書の構成

　第1部「子育て支援で出生率向上」では、子育て支援の少子化対策としての役割を評価する。第1章「なぜ少子化は社会問題なのか？」では、少子化が社会問題であるという経済学の理論的な根拠を明らかにする。少子化は社会問題であるという認識が一般的であり、それを前提としてさまざまな政策が議論されることが多いが、その根拠について厳密な形で議論されることはまれだ。少子化対策を論じるうえでの前提となる議論なので、しっかりと理解しておきたい。第2章「現金給付で子どもは増える？」では、子育て支援のなかから児童手当と育児休業給付金を取り上げ、そうした現金給付が出生率に及ぼした影響を評価する。第3章「保育支援で子どもは増える？」では、待機児童解消などの保育制度の充実が、出生率に及ぼした影響を評価する。第4章「少子化対策のカギはジェンダーの視点？」では、さまざまな子育て支援策のなかで、どれが最も少子化対策として有効なのか検討する。詳しくデータを検討した結果から導き出された最新の経済理論によ

ると、単なる子育て支援ではなく、家庭内におけるジェンダー平等を促進させるような支援策こそが少子化対策として有効だ。この理論と、それを支持するデータについても紹介する。

第2部「子育て支援は次世代への投資」では、子育て支援が子どもの発達に及ぼす影響を評価する。第5章「育休政策は子どもを伸ばす？」では、育休制度を取り上げる。育休の役割の1つには、生後間もない子どもと母親がともに過ごせる時間を増やすというものがあるが、それは果たして子どもの発達にどのような影響を及ぼすのだろうか。その政策効果を評価する。第6章「幼児教育にはどんな効果が？」では、保育所や幼稚園といった広義の幼児教育施設の役割を評価する。意外に思われるかもしれないが、経済学のなかで、いま最も注目されている研究課題は、幼児教育が子どもの発達に及ぼす短期的・長期的影響の評価だ。この章では、その最新の経済学的知見を紹介する。第7章「保育園は子も親も育てる？」では、日本の保育所に注目した筆者自身の研究を詳しく紹介する。この研究が明らかにしたのは、保育所通いは子どもだけでなく、母親にとっても好ましい影響を及ぼしたという点だ。

第3部「子育て支援がうながす女性活躍」では、子育て支援が女性の労働市場進出に及ぼした影響を評価する。第8章「育休で母親は働きやすくなる？」では、育休制度の充実が育休期間やその後の職場復帰にどのように影響を及ぼしたのか評価する。第9章「長すぎる育休は逆効果？」では、日本の育休制度を分析した筆者自身の研究を詳しく紹介する。現行の育休制度はどれくらい女性の就業を助けているのか、かつて安倍首相が提唱したような「育休3年制」を導入したら女性の就業はさらに増えるのかという点について、評価を行っている。第10章「保育改革で母親は働きやすくなる？」では、待機児童の解消といった保育所整備が実

際に女性就業を増やしたかどうか評価する。保育所を増やせば母親の就業が増えるのは当たり前と思われがちであるが、理論的にも実証的にも、必ずしも母親の就業が増えるわけではない。ここでは、一見不思議に思えるこの現象の背景を明らかにする。第11章「保育制度の意図せざる帰結とは？」では、日本の保育所整備に注目した筆者自身の研究を詳しく紹介する。待機児童が発生している地域では、自治体が保育利用を申し込んだ家庭に優先順位をつけて上位から順に利用を許可する「保育利用調整」を行うことが一般的だ。より必要性の高い家庭を優先させるための制度であるが、この制度がかえってあだとなり、政策としての有効性が失われているのではないかという懸念を示す。

巻末付録「実証分析の理論と作法」では、本文中で取り上げた実証分析手法についての詳細な議論を数式をもちいて解説している。先端的な研究論文を読みこなせるようになりたい、自身も実証研究を行いたいという意欲的な読者は、ぜひこの付録に挑戦してほしい。

* * *

本書の執筆にあたっては、内閣府経済社会総合研究所研究員の深井太洋氏に査読していただいた。深井氏は労働経済学、なかでも保育政策については本邦最高の専門家の一人で、筆者自身気がついていなかった数々の重要な点について適切なコメントをくださった。査読前後で本書の内容が大幅に改善されており、深く感謝したい。もちろん、本書に残る誤りは筆者自身の責任である。

本書を最初に企画された編集者の斎藤博氏には、執筆のきっかけをいただいた。その後を引き継いだ編集者の尾崎大輔氏には、本書のもととなった『経済セミナー』の連載以来、一貫して助けていただいた。優れた編集者とともに仕事をできるかどうかが、

満足のいく本を執筆できるかどうかを左右することを改めて確認した。お二人にも深く感謝する。

2020年10月

山口慎太郎

第 **1** 部

・

子育て支援で
出生率向上

なぜ少子化は社会問題なのか？

 1　はじめに

　少子化が重大な社会問題だと認識されてから、ずいぶん長い時間が経過した。内閣府の『少子化社会白書（平成16年版）』によると、出生率の低下が社会的関心を集めるようになったのは1990年あたりからだそうだ。1989年に出生率が1.57に低下し、それまでの最低だった1966年の丙午（ひのえうま）の年の出生率1.58を下回ったことが衝撃を持って受け止められた。以降30年以上もの間、少子化は政策課題であり続けてきた。

　政府は少子化対策のためにさまざまな施策を講じてきた。たとえば、保育所拡充などの保育政策や、育児休業（育休）制度の整備、児童手当や育休手当、さらには子育て世帯に対する税控除や所得控除の充実など、さまざまな対策がある。第1部では、はたしてこうした政策が少子化対策として有効なのか、経済学の理論と実証分析から得られた知見を紹介する。

　第1章では、この本をはじめるにあたって、具体的な政策評価を論じる前提として、出生率にまつわる基本的な統計を確認し、日本における出生率の歴史的な動向や、出生率の国際的な違いについての現状把握を行う。そのうえで、なぜ少子化問題に対して、人々の自由な意思決定に任せるだけでなく、政府による政策介入が必要なのか、経済学に基づいて考えてみよう。

2 出生率とは

　まずは「出生率」の意味と基本的な統計を理解しておこう。この本でもそうだが、報道などで注釈なく単に「出生率」として取り上げられる数字は、厳密には**期間合計特殊出生率**とよばれるものだ。これは、ある1年間における、15〜49歳の女性の年齢別の出生率を足し上げたものだ[1]。年齢別の出生率に重みをつけずに単純に足し上げるため、人口構成の偏りの影響を受けない数字が得られる。これが、この計算方法の利点だ。期間合計特殊出生率は、女性が一生の間に産む子どもの数の推定値として解釈されることが多い。

　しかし、女性が一生に産む子どもの数の平均値をより厳密に知るためには、ある年に生まれた女性が15〜49歳の間に生んだ子どもの平均人数を計算するほうが望ましい。これを**コーホート合計特殊出生率**とよぶ。多くの人が本来関心を持っているのは、このコーホート合計特殊出生率だと思うが、この数字は女性が50歳になるまで確定しないという欠点がある。したがって、いま現在の出生率の動向を知るための簡便法として、期間合計特殊出生率をもちいることが多い。

2.1 出生率の推移

　図1.1は日本の出生数と期間合計特殊出生率の推移を示したものだ。出生率の最初のピークは1947〜49年の第1次ベビーブームであり、このときの出生率は4.3から4.5ほどときわめて高かった。そこから減少しながらも、1960年代に入ると再び上昇に転じるが、その上昇局面の1966年に丙午を迎え、出生率が大きく下がった。丙午とは干支の1つで、60年に一度訪れる年だ。江戸時代から伝

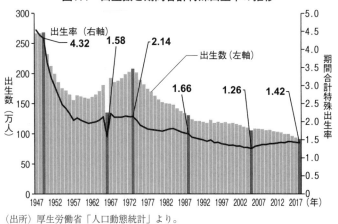

図1.1　出生数と期間合計特殊出生率の推移

（出所）厚生労働省「人口動態統計」より。

わる迷信に、「丙午の年に生まれた女性は気性が激しく夫の命を縮める」というものがあり、多くの人が1966年の丙午の年に子どもを持つことを避けた結果、この年だけ出生率が1.58と前後の年に比べ極端に低くなっている[2]。丙午以降は1971〜74年の第2次ベビーブームで新たなピークを迎え、この期間で出生数が最も多かった1973年には出生率は2.14に達した。ここから出生率は下がり続け、2005年に1.26で底を打ち、その後やや上昇に転じるが、2018年の出生率は1.42であった。

　ここで注意してほしいが、2005年あたりの出生率の変動は、女性が一生の間に産む子どもの数が変化したことの表れであるとは限らない。ここでみている出生率は期間合計特殊出生率であり、その計算方法から、出産年齢の変化の影響を受けてしまうという特徴がある。仮に、女性が生涯に産む子ども数に変化がないまま、晩産化が進んだとしよう。つまり、コーホート合計特殊出生率が一定のもとで、出生年齢が上がったという状況だ。そうすると、

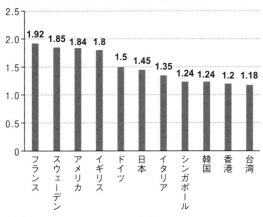

図1.2　期間合計特殊出生率の国際比較：2015年

（出所）OECD Family Database より。

期間合計特殊出生率が一時的に下がり、その後上昇に転じること
になる。生まれた子どもの母親の年齢は実際に上がっているから、
2005年周りの出生率の変動は、現時点では晩産化の影響によって
も説明がつくのだ。したがって、同時期にコーホート合計特殊出
生率が変化していたのかどうかは、年月の経過を待たなければ知
ることはできない。期間合計特殊出生率を使う以上は出産年齢の
変化の影響を受けてしまうことが避けられないため、出生率の数
字の細かい動きに振り回されないよう注意が必要だ。

2.2　出生率の国際比較

　続いて図1.2をみてほしい。この図では、主要先進国とアジア
のなかで経済発展を遂げたいくつかの国・地域を取り上げて、期
間合計特殊出生率を国際比較している。まず指摘しておきたいの
は、ここで取り上げた国のいずれにおいても、出生率は人口が増
加も減少もしない「人口置換水準」の目安である2.1を下回って

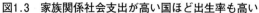

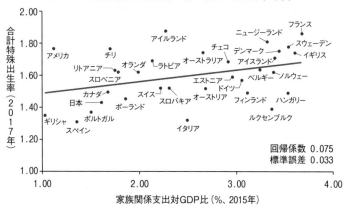

図1.3　家族関係社会支出が高い国ほど出生率も高い

（注）OECD加盟国のうち、World Bank Country and Lending Groupsの「High-Income Economies」に分類される32カ国に絞っている。
（出所）OECD Family Database、PF1.1とSF2.1より。

いるという点だ。主要先進国のなかでは、フランスとスウェーデンの出生率が高い一方、ドイツ、日本、イタリアの出生率は低い。日頃接する報道では、日本の出生率の低さばかりが嘆かれているが、イタリアの出生率は日本よりも低いし、日本以外のアジアの国・地域の出生率は総じてより低水準で、およそ1.2だ。

　なぜこのように、出生率は国によって大きく異なるのだろうか。この答えは簡単に得られるものではない。これらの国々は家族政策、移民政策、女性の社会的地位、家族観といった点でさまざまに異なり、それらが複雑に影響を与えているのだろう。

　先進国における出生率の高低を説明する要因としてよくあげられるのは、「子育て支援などの家族政策が充実しているか否か」だ。家族政策の充実度の1つの指標として、子育て・家族支援のために行われた公的な金銭的支出である**家族関係社会支出**がよく使われる。この家族関係社会支出と出生率の関係を国別にみると、

図1.3に示されているように正の相関がみられる。この関係はよく知られており、「家族政策は出生率向上に寄与している」のではないか、という仮説につながっている。

3 少子化問題は政策による解決が必要

　出生率が低下傾向にあり、多くの国々で人口置換水準を下回っているとしても、なぜ少子化は社会問題であり、政策による解決が必要なのだろうか。「子どもを持つ・持たないというのはきわめて個人的な選択の問題であり、政府が首を突っ込むべきではない」という意見もあるだろう。しかし以下で説明するように、ある個人が子どもを持つ・持たないという選択は社会全体に影響を及ぼしているのだ。個人の選択を直接指図するような政策は行うべきでないとしても、子どもを持ちたいと思うような方向に、人々をある程度誘導するような政策には一定の妥当性があるだろう。

　少子化が社会にもたらす問題としてあげられるのは、人口減少に伴う経済規模の縮小だ。そして、少子化・高齢化の進行に伴って社会保障制度の維持が困難になるということも、よく指摘される。しかし、こうした議論には一理あるものの、必ずしも厳密な経済理論モデルに基づいたものではなかった。ここでは、経済理論に基づく議論を展開して、少子化対策を正当化した研究[3]をできるだけ直観的に紹介する。なお、理論の詳細に関心のある読者は、章末の数学補論（10頁）を参照してほしい。

　この研究によると、子どもは将来の生産の担い手であるという意味で、社会全体にとって有益な存在だ。親はその子どもを生み、育てることの費用を負担するが、子どもが将来働いて得る稼ぎを自分のものにすることはできない。これは現代社会において、親

は子どもを持つことの費用を負担する一方で、その便益は個人的に受け取るのではなく、社会全体で共有されてしまう。その結果、親個人からみて、子どもを持つことの費用が便益を上回ってしまい、出生率が社会的に最適な水準よりも低くなってしまうのだ。

　経済学では、ある人の行動が別の人の利害に直接影響を及ぼすことを**外部性**があるという。この影響が良いものであれば「正の外部性」、悪いものであれば「負の外部性」とよぶ。この外部性という考え方を当てはめると、子どもを持つことには正の外部性があるといえる。一方、負の外部性の代表例は公害だ。良いものであれ悪いものであれ、ある人の行動が外部性を伴うことが問題なのは、その行動が社会的に最適な水準から離れてしまうためだ。公害の例でいえば、企業は汚染物質を排出しすぎていることになるし、出生の例でいえば、社会的に最適な水準よりも少なくしか子どもを持たないことになる。

　この議論のカギは、現代の先進国において、子どもは親から独立した個人であり、子どもの将来の稼ぎに対する所有権を持つのは子ども自身であって、親ではないという点だ。仮に、子どもの稼ぎを、親が自分のものにできれば、子どもを持つことの経済的なメリットは増えるだろう。子どもを自分の老後を支えてくれる存在とみなせるなら、子どもを持つことのメリットは大きくなるということだ。実際、一部の発展途上国について、こうした指摘は当てはまるかもしれない。

　この点を素朴に受け止めると、親が子どもの所得を自分のものにすることを許すような制度変更が社会的に最適であることになる。もちろん、それはあまりに短絡的でばかげている。そうした制度は、児童労働や子どもに対する虐待につながりやすくなるだろう。加えて、子どもから親への所得移転を行うのが実務的に難しいという問題もある。そこで次に、この議論をふまえて、倫理

的にも実務的にも実現可能性のある政策を考えてみよう。

　まず考えられるのが、「賦課方式の年金制度」だ。**賦課方式**は、引退世代への年金支給のために必要な財源を、その時々の現役世代が納める保険料収入によってまかなう方法だ。これは現役世代から引退世代への所得移転にほかならない。しかし、単純な賦課方式では低出生率の解決につながらない。ひとりの親の立場からみると、自分が子どもを持っても（他の親も同様に子どもを増やさない限りにおいて）、将来の年金財源に対する影響はほとんどなく、子どもを持つことで得られる経済的メリットがないからだ。

　この問題は、年金の支給額を子どもの人数とともに増えるようにすることで解決する。こうすることで、子どもを持つことの社会的便益と、親の個人的便益が一致し、社会的に最適な出生率が達成される。この発想は古くから政策に反映されていて、たとえば、フランスでは子どもが3人以上いる家庭に対して、社会保障給付が10％増額されている。

　そして、年金制度を利用しない形でも世代間の所得移転を可能にする方法がある。それは、子育て支援策の原資を国債発行によってまかなうというやり方だ。実際に多くの国々で行われているように、出産手当のような現金給付や子育て世帯に対する税制優遇措置、あるいは幼児教育に対する補助金のような現物給付など、さまざまな子育て支援策がある。こうした政策にはもちろん財政負担が必要となるが、これを国債発行を通じて次世代の負担で行うことで、最適な出生率を達成することができる。

4　おわりに

　本章では、少子化対策を評価する前提として、出生率の定義とその意味するところを整理し、日本における出生率の歴史的な推

移や、国ごとの出生率の違いについての統計を紹介した。また、少子化は政策的な対応が必要な社会問題であることを主張する経済理論を解説した。

　第1部の次章以降では、具体的な政策評価を紹介するが、その見通しについて事前に触れておこう。出生率引き上げにつながると考えられる子育て支援策にはさまざまなものがあるが、そのほとんどは政府による支出を伴う。それらはこの章で取り上げたとおり、家族関係社会支出とよばれるが、大別すると**現金給付**と**現物給付**に分けることができる。前者は第2章で、後者は第3章で扱う。第2章で扱う広義の現金給付は、児童手当のような単純な所得移転が代表的であるが、扶養控除のように、子どもがいる家庭を対象として行う税制を通じた金銭的支援や、育休給付金のように育休制度を通じた金銭的支援も含む。もちろんこれらは異なる点も多いのだが、まとめて現金給付策としている。続く第3章では現物給付を扱うが、具体的には幼稚園・保育所利用に対する補助を指している。

🎓 数学補論：低出生率の原因は市場の不完備性

　この補論では、本章3節（7頁）で紹介した政府による少子化対策を正当化する議論[4]の詳細を、単純な2期間モデルに基づいて解説する。親は中年期と老年期の2期間を生きる。この社会における親の人数を正規化し1とする。中年期の消費をc^m、老年期の消費をc^oとすると、親の生涯効用は、

$$u = \ln c^m + \ln c^o$$

で与えられる。親は中年期にw^mの所得を得る一方、子どもを持つことでθの費用がかかる。親は自身の老年期に備えた貯金額sと子ども

の数 n を選択する。一方、子どもは 2 期目には成人し、1 単位の労働を供給する。子どもの効用は成人期の消費 c^k のみによって決まる。2 期目の生産は、以下の生産関数によって決められる。

$$Y = K^\alpha L^{1-\alpha}$$

資本は 1 期で完全に減耗してなくなってしまうものとすると、2 期目の資本は 1 期目の貯蓄と一致し、$K = s$ である。また、労働投入は子どもの人数と一致し、$L = n$ となる。

　ここで、親は子どもの所得 w^k を自分のものとすることができないものとしよう。この場合、子どもを持つことから得られる効用はゼロである一方、子どもを持つ費用は $\theta > 0$ であるため、出生数 n はゼロとなる。出生数がゼロとなるということは、2 期目の労働がゼロになり、生産量もゼロである。親 1 人ひとりは社会全体に対してきわめて小さい存在であり、自分だけが子どもを持ったとしても、2 期目の社会全体の労働供給にはほとんど影響を及ぼさない。

　今度は反対に、親は子どもの所得のうち ω を老年期に自分のものにすることができるとしよう。このとき親は貯蓄と出産・子育てを通じて、自身の老年期（2 期目）の消費を確保することができる。2 期目の消費がゼロとなってしまった前述のケースと比べて、親の厚生は改善されている。そして、子どもが 2 期目に消費 $w^k - \omega$ から得る効用が、生まれてこなかった場合の効用よりも高いとするならば、やはり前述のケースと比べて、子どもの厚生が改善されていることになる。したがって、親が子どもの所得を自分のものにできない社会においては、出生数は（そして出生率も）社会的に最適な水準よりも低くなるのだ。

　子どもの所得の一部を親のものにすることができるかどうかで出生率が変動するのは、**市場が不完備**であることによる。仮に、子どもを持つことの費用 θ を、子どもが親に対して将来返済するような契約が結べるならば、出生率は社会的に最適な水準に達することができる。しかし、親は生まれる前の子どもとそんな契約を結ぶことはできないし、一度生まれてしまえば、子どもにとってそんな契約を結ぶメリットはない。この市場の不完備性が低出生率の原因となっているのだ。

もちろんこのモデルでは、カギとなるメカニズムを際立たせるために極端な設定がなされている。しかし、子どもを持つことから直接効用が得られたり、子どもの幸福が親にとっての幸福でもあるような利他的な効用関数のもとでも、子どもの所得の一部を親に移転することがパレート改善になるという主張に変わりはない。なお**パレート改善**とは、誰の効用も悪化させることなく、少なくとも一部の人々の効用を高めることを指す経済学理論で頻出の用語である。このモデルに即して言うと、全員（親も子も）の効用が高まることを指している。

✒ 注

1）数式で書くと次のようになる。

$$期間合計特殊出生率 = \sum_{a=15}^{49} \frac{年齢\,a\,の女性がある1年間に生んだ子どもの数}{年齢\,a\,の女性の数}$$

2）この出生率の大きな落ち込みを利用した研究には興味深いものがいくつもある。経済学分野では赤林（2007）、Rohlfs, Reed and Yamada（2010）、Yamada（2013）など。

3）Schoonbroodt and Tertilt（2014）.

4）Schoonbroodt and Tertilt（2014）.

第 2 章

現金給付で子どもは増える？

1 はじめに

この章では、これまで講じられてきたさまざまな少子化対策のなかでも、児童手当や育児休業（育休）給付金、あるいは子どもがいる世帯の税制優遇措置といった現金給付政策と育休政策に着目する。そして、「こうした子育て支援のための政策が、出生率の引き上げにつながっているのか？」という問いに対し、経済学の理論と実証分析に基づいて議論を整理してみよう。

以下では、子どもに関する意思決定がどのように行われているのかを考察した経済理論を紹介し、現金給付や育休制度が出生率にどのように影響を及ぼすかを考える。そのうえで、政策に出生率を引き上げる効果があるか否かを、現実のデータをもちいた実証分析で検証する。ここで取り上げる実証分析の手法は、この本全体を通じて繰り返し登場する。そのため、各国の制度的背景も紹介しつつ、その基本的なアイデアを丁寧に解説する。さらに、各国を見渡して、政策効果がどのように評価できるのか、その全体像を描いてみたい。

2 家族関係社会支出の国際比較

政府が行う子育て支援策にはさまざまなものがあるが、その多

図2.1 家族関係社会支出の対 GDP 比の国際比較：2015年

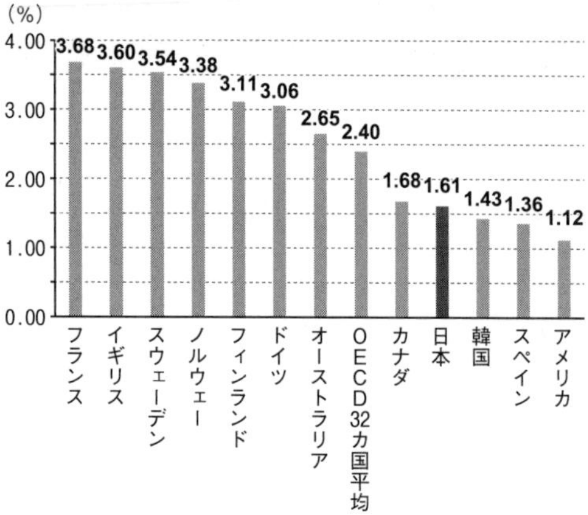

（出所）OECD Family Database、PF1.1より。

くには金銭的支出が伴う。これは第1章でも触れた「家族関係社会支出」だが、日本はその規模が諸外国に比べて小さいことがしばしば指摘される。

　図2.1は、2015年における家族関係社会支出の国内総生産（GDP）に占める割合を国別に示したグラフだ。よく言われるように、北欧諸国は家族政策が充実しているということが、家族関係社会支出の対 GDP 比という観点からも確認できる。スウェーデン、ノルウェー、フィンランドはそれぞれ3.54％、3.38％、3.11％と、いずれも経済協力開発機構（OECD）32カ国平均よりもかなり高い。一方、アメリカ、カナダなどの北米の国々、東アジアの日本と韓国、そして南欧のスペインでは家族関係社会支出が少ないことがわかる。OECD 32カ国平均では2.4％であるが、日本は1.61％と OECD 32カ国平均の3分の2程度にすぎないし、トップのフランスと比べると半分以下だ。

　ところで、この家族関係社会支出には、子どものいる家庭のみ

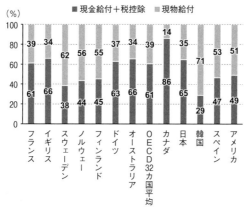

図2.2　家族関係社会支出に占める現金給付と現物給付の割合

■ 現金給付＋税控除　■ 現物給付

国	現金給付＋税控除	現物給付
フランス	61	39
イギリス	66	34
スウェーデン	38	62
ノルウェー	44	56
フィンランド	45	55
ドイツ	63	37
オーストラリア	66	34
OECD 32カ国平均	61	39
カナダ	86	14
日本	65	35
韓国	29	71
スペイン	47	53
アメリカ	49	51

（出所）OECD Family Database、PF1.1より。

を対象とした支出だけが含まれることに注意してほしい。たとえば、子どものいない家庭も対象となるような医療関連支出や扶養控除は、家族関係社会支出としては算入されない。

　家族関係社会支出にはさまざまなものがあるが、OECD の統計では以下の３つに大別されている。１つ目は**現金給付**だ。これは子どものいる家庭に対する所得移転であり、代表的なものは日本でいうところの児童手当や育休給付金である。これらは、子どもの数や年齢によって受給資格や金額などが異なることがある。２つ目は**現物給付**だ。主に保育所や幼稚園などの幼児教育や、それ以外の子育て支援サービスを指している。そして、３つ目は**税制上の優遇措置**だ。これは、子どものいる家庭に対する、所得控除や税額控除を通じて行われる。後述するように、アメリカなどいくつかの国々では、控除により税額がマイナスになった場合に給付金が支払われる制度がある。

　以下では、税制を通じたものも、そうでないものも含め、金銭

的支援をすべてまとめて「現金給付」とよぶことにする。これによって、保育サービスのような「現物給付」との対比がはっきりする。前頁の図2.2は、家族関係社会支出のうち、現金給付と現物給付の占める割合を示したグラフである。OECD 32カ国平均では61％が現金給付で、39％が現物給付に使われている。日本もほぼ同様で、65％が現金給付で35％が現物給付だ。国によって現金給付の割合にある程度のばらつきはあるものの、いずれの国においても、現金給付は家族関係社会支出の大きな割合を占めている。

 ## 3　経済学で考える現金給付の出生率引き上げ効果

3.1　子どもの「質」と「量」

　子どものいる家庭に対する現金給付が出生率に及ぼす影響を考えるうえでは、**ゲイリー・ベッカーの理論**[1]が1つの出発点になる。ベッカーは、経済学の理論をお金の介在しないような社会のさまざまな人間行動に適用したことで、1992年にノーベル経済学賞を受賞している。以下では、家計の出生行動に関するベッカーの理論の概要を直観的に説明する。理論モデルの詳細に興味のある読者は、章末の数学補論（41頁）を参照してほしい。

　このベッカーの理論では、親は子どもの「量」（つまり人数）とその「質」の両方を気にかける。ここでいう「質」とは、具体的には、習い事や私立学校への入学などを含めた子どもに対する支出で測られる。支出額がそのまま子どもの「質」に反映され、そこから親が効用を得ることを想定している。ベッカーが指摘したのは、親が子育てに使えるお金の総額が決まっているとすると、子どもの「量」と「質」の間には**トレードオフ**が存在するということだ。つまり、子どもの人数が多ければ1人当たりにかけられ

るお金は少なくなってしまうし、逆に、1人当たりにお金をかけることを前提とすると、たくさんの子どもを持つことはできないということだ。

　これをふまえると所得増、あるいは単純な現金給付は、子どもの数を増やすとは限らないことがわかる。というのも、所得が増えて、子どもにかけられるお金の総額が増えた場合には、子どもの数を増やすこともできるが、子ども1人当たりによりお金をかけることもできるからだ。特に現代では、子どもの教育を重視する家庭がかつてより増えているため、所得増は子どもの「質」の向上に向かいがちだ。そして、子どもの「質」が高いことを前提とすると、子どもの数を増やすことは大きな費用を伴ってしまう。この理論では、経済が発展して平均的な家庭の所得が増えると、子どもの「質」は向上するものの、その数についてはむしろマイナスの影響が生じうることを指摘している。

　この理論を拡張し、児童手当や育休給付金の出生率に及ぼす影響を評価した研究[2]によれば、いずれの現金給付政策も、必ずしも子どもの数を増やすとは限らない。現金給付は子どもの「質」の向上に向かうため、子どもを持つことの経済的費用を高めてしまうからだ。このように、子どもの「量」と「質」のトレードオフに注目したベッカー理論は、現金給付が出生率に及ぼす影響を考えるうえで、1つの理論的枠組みを提供している。

　ただし、ベッカー理論の実証的妥当性については一定の留保が必要であることも記しておきたい。この理論は、発展途上国が経済成長を進めるにつれて、子どもの数が減る一方で就学率が上昇する現象をうまくとらえていると評価されている。しかし先進国では、こうした「量」と「質」のトレードオフが存在しないのではないかとの指摘もある[3]。この点に関する議論はいまだ定まっておらず、さらなる実証分析の積み重ねが期待されている。それ

でも、家族政策の効果を考える際には、ベッカー理論が頻繁に参照されるため、重要な出発点としてふまえておきたい。

3.2 税制上の優遇措置の影響

次に、子どもがいる家庭に対する所得控除、税額控除、あるいは給付といった税制上の優遇措置について考えてみよう。いくつかの国々では、子どもがいる家庭に対しては、所得控除を認めて課税所得額を下げ、支払うべき税金の額を減らすことで実質的な現金給付を行っている。あるいは、子どもの数や年齢に応じて支払うべき税額が減るように、税額控除を行っている。さらにアメリカやイギリスなどでは、税額控除の結果、税額がマイナスになった場合には現金給付が行われている。

こうした税制上の優遇措置には、子どもを持つことに対する限界費用を引き下げる効果がある。**限界費用**は、経済学の頻出用語で、追加的に生じる費用のことである。ここで注目するのは、新たに子どもを1人もうける（増やす）ことで追加的に生じる子育て費用のことだ。

また、こうした税制優遇措置は、すでに子どもがいる家庭に対しては、所得を増やす効果も同時にもたらす。もちろん、これらが最終的に子どもを増やす方向に働くかどうかについては、ベッカー理論が示すとおり、断定はできない。

そして次の節でみるように、スペインやアメリカ、イギリスの制度では、母親の就業がこうした優遇措置を受けることの前提になっている。こうした制度は母親の就業をうながすため、結果的に、子どもを持つことの機会費用を引き上げてしまう。**機会費用**も経済学の頻出用語で、「選ばれなかった選択肢のうち、最善のものが持つ価値」のことを指す。子どもを持たなかった場合の最善の選択は、おそらくその分の時間も仕事に充てて労働所得を得

ることであろう。子どもを持つことで労働所得（の少なくとも一部）を手放してしまっているとみなせるため、労働所得が子どもを持つことの機会費用、言いかえれば暗黙の子育て費用になっているのだ。したがって、母親の就業をうながす側面を持つ税制優遇措置は、子どもを持つことの機会費用も同時に引き上げるため、出生率を引き上げる効果が相殺されて弱いものになる可能性がある。

　また、税制上の優遇措置の効果を考えるうえで気をつけなければならないのは、実質的な所得移転の金額が、課税所得額に応じて異なりうるという点だ。ほとんどの国では累進課税制度があるため、高所得者ほど所得控除による利益が大きい。また、納税を行っていない低所得者については、所得控除や給付なしの税額控除から恩恵を受けることはない。

　アメリカの「勤労所得税額控除（Earned Income Tax Credit：EITC）」やイギリスの「勤労家族税額控除（Working Families' Tax Credit：WFTC）」のような**給付付き税額控除**は、さらに複雑だ。図2.3は、アメリカのEITCではどのように給付が行われているかを、子どもの数に応じて図示したものだ。縦軸にはEITCによる年間給付額を、横軸には年間世帯所得をとっている。例として、子どもが2人以上いる家庭を取り上げて、EITCの給付額がどのように変化するのかをみてみよう。所得が1万750ドルに達するまでは、所得に対して40％の給付があり、その金額は最大で4008ドルに達する。これは実質的な賃金引き上げに等しく、就業をうながすことを目的としている。その後、所得が1万3100ドルに達するまでは、給付額は4008ドルで一定のままだ。所得が1万3100ドルを超えると、次第に給付が減らされ、所得が3万2121ドルに達したところでEITCの対象外となる。給付が減らされるということは、実質的な賃金引き下げに等しいため、就業に対し

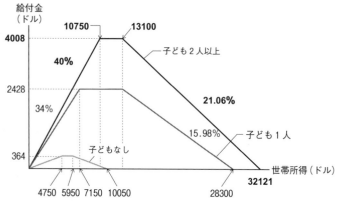

図2.3 アメリカの給付付き税額控除における所得と給付金の関係

給付金
（ドル）

4008 ‥‥‥ 10750 13100
　　　　　　40%
　　　　　　　　　　　　　　　　子ども2人以上

2428

　34%　　　　　　　　　　　　21.06%

　　　　　　　　　　　　15.98%
　　　　　　　　　　　　　　　　子ども1人

364　　　子どもなし

　　　　　　　　　　　　　　　世帯所得（ドル）
4750 5950 7150 10050　　　28300　　32121

（注）所得額の区分や給付率は2001年時点の数値。
（出所）Baughman and Dickert-Conlin（2009）、Fig 1より。

て負のインセンティブを与えてしまうが、減額のスピードを緩や
かにすることで、その負の作用を抑えている。

　図2.3に示されているとおり、EITCではどの所得水準でも子
どもが多いほど給付金額が多くなるように設計されている。また、
EITCは就業をうながすことを最大の目的としており、その「副
作用」として子どもを持つことの限界費用を引き上げる可能性が
あるため、出生率を引き上げる効果は必ずしも期待できない。そ
して重要な点としては、所得額によって、EITCのもとでの実質
的な限界税率が大きく異なるため、この「副作用」の効き方も異
なるということだ。

3.3 育休制度の影響

　次に、育休制度が出生率に及ぼす影響を評価した研究[4]での議
論を紹介しよう。重要なのは次の2つだ。第1に、育休制度の充
実は、新たに子どもを持つことの費用を削減するため、出生率を

増やす効果がある。子どもを持つことの機会費用はそれにより失われる労働所得だが、雇用保障や給付金の充実により、それを減少させることができる。

第2に、育休制度の内容次第では、出産間隔に影響を及ぼし、最終的には出生率増につながりうる。具体的には、連続して育休を取得できるか否かがカギとなる。この研究で分析されたオーストリアの制度では、24カ月の育休が終了してから一定期間内に次の出産が行われる場合、連続して育休をとることができる。この一定期間を過ぎてから次の出産が行われる場合、次の育休をとるためには一定の就業実績が必要になる。

この制度のもとでは、連続して育休をとることができるように、出産を前倒しするインセンティブが存在する。数年後に次の子どもを持つことを計画していても、実際に子どもを持つかどうかはわからない。将来的には夫婦仲が悪くなるかもしれないし、そうでなくても病気などの予期しない理由で子どもが持てなくなるかもしれない。そのため、育休制度改革にうながされ出産が前倒しされることで、実際に生まれてくる子どもの数が増える可能性があるのだ。

4 政策評価のための実証分析

この節では、家族関係社会支出の現金給付が出生率に及ぼす影響を評価するための、実証分析の方法論を解説する。この節の主眼は方法論の解説にあるため、取り上げる研究を絞って要点を紹介する。多くの実証研究から得られた結果は、次の第5節でまとめて紹介する。

4.1 地域差を利用した差の差分析

■ カナダ・ケベック州の児童手当改革

家族関係社会支出は中央政府レベルで決まることが多いが、一部の国では州などの地方政府レベルで独自の制度を実施するため、地域間の制度の違いに着目した**差の差分析**（difference-in-difference：**DID** や **DD** と略される）が行われている。ここでは、カナダのケベック州で行われた制度改革の分析[5]を通じて、その考え方を解説しよう。

カナダのケベック州では、1988年に「新生児手当（Allowance for Newborn Children：ANC）」という名前で、子どもを持つ家庭に対する現金給付をはじめた。この給付には所得制限がなく、制度開始当初は第1子と第2子に500カナダドル、第3子以降1人につき総額3000カナダドルが支払われていた。給付金はその後毎年引き上げられ、1992年時点で最高額に達し、第2子には総額1000カナダドル、第3子以降にはなんと総額8000カナダドルが給付された。この給付金がどの程度の大きさかを理解するために、子育て費用に占める割合を確認してみよう（参考までに、当時の為替レートでは1カナダドルは104円であった）。この研究によると、機会費用を除いた第1子の年間子育て費用は7935カナダドル、第2子は6348カナダドル、第3子以降は5324ドルだそうだ。第1子、第2子に対しては相対的には大きな金額ではないが、第3子に対しては年間の子育て費用を超える、大きな金額の給付であることがわかる。なお、この制度は1997年を最後に廃止され、第3部の第10章3.1項（178頁）で取り上げる「1日5ドルの保育」とよばれる低廉な保育を提供する制度に置きかえられた。

ケベック州で ANC が実施されていた1988〜97年にかけて、カナダのその他の州では、家族関係社会支出が大きく変化するような制度改革は行われなかった。そのため、ケベック州とその他の

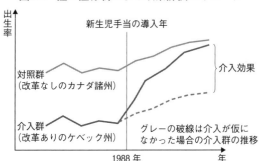

図2.4　差の差分析による政策評価のイメージ

州を通時的に比較する差の差分析によって、ANC の政策効果を評価することができる。

　差の差分析は政策評価を行う際に最もよく使われる方法の１つで、本書でも繰り返し登場する。そのため、図2.4をもちいて詳しく説明しておこう。この図はあくまで説明のために簡単化してつくったものであり、使われている数値は実際のものと異なることに注意してほしい。実際の数値を使ったグラフは後ほど紹介する。

　図2.4では縦軸に出生率を、横軸に時間（年）をとっている。因果関係を分析する**因果推論**では、政策など変化を引き起こす要因のことを**介入**とよぶ。それにしたがって、改革が行われたケベック州を**介入群**、それ以外のカナダのその他の州をまとめて**対照群**としよう。社会経済的環境、家族観、そして政策などさまざまな違いを反映して介入群と対照群の間では出生率が異なっており、ANC が導入された1988年以前から、対照群であるその他の州のほうが、介入群であるケベック州よりも出生率が高い。したがって、単純に介入群と対照群の出生率を改革後に比較して、「ケベック州はその他の州よりも出生率が低いから ANC に効果はな

い」と論じるのは短絡的であることがわかるだろう。これは、ANC 導入以前から、さまざまな要因によりケベック州の出生率が低いためだ。

　一方、介入が行われたケベック州の出生率を、ANC 導入以前と以後で比較するという方法で、正しく政策効果を評価できるだろうか。確かにこの図では、ANC 導入から出生率が上昇しているため、ANC に効果があったようにみえる。しかし、ANC 導入と時期を同じくして生じた社会・経済の変化があり、それらが出生率に影響を及ぼしたということも考えられる。たとえば、カナダ経済全体の景気動向や、社会全体で起こった家族観の変化、法律の変更、新しい制度の導入などだ。こうした要因は出生率に影響を及ぼしうるため、介入前後で出生率が変化したからといって、介入に効果があったかどうか単純に結論づけることはできない。

　こうした時間を通じた変化をとらえる方法の1つは、対照群で起きた変化に注目することだ。ここで述べているような、カナダ全体で共通して生じている変化があるのならば、それらは介入群にも対照群にも影響を及ぼしているはずだ。この発想をうまく取り入れたのが、差の差分析である。

　政策の効果、あるいは**介入効果**とは、「介入があった場合の出生率と、なかった場合の出生率の差」として定義される。ケベック州では介入が行われたのだから、「介入があった場合の出生率」は実際にデータ上観察される。一方で、「介入がなかった場合のケベック州における出生率」は観測できない。実際には介入があったからだ。したがって、介入効果を知るためには「もしも介入がなかったら」という状況について推論しなければいけない。差の差分析では、「もしも介入がなかったら、対照群と介入群の出生率のグラフは平行に推移する」という仮定をおく。この仮定は

平行トレンドの仮定とよばれ、差の差分析を行ううえで決定的に重要な考え方だ。この仮定の背後にあるのは、上で述べたようなカナダ全体で生じている変化は、対照群と介入群の双方に同じように影響を及ぼすという考え方だ。

　前掲の図2.4では、もしも介入がなかったら、ケベック州の介入後の出生率は破線で示されたように推移したと考える。この破線は、対照群における介入後の出生率の変化と平行になっている。図で示したように、介入効果は実線と破線の差だ。

　この図では、改革前後の数年間がグラフに示されているが、もっと単純化して介入前後だけを想定して分析することもできる。その場合、「介入群における介入年前後の出生率の差」から「対照群における介入年前後の出生率の差」を引いたものが介入効果だ。「差」の「差」を求めているので、「差の差分析」とよばれていることが理解できるだろう。

　理解を深めるために、実際の数字もみてみよう。図2.5では、出生率の推移をケベック州とそれ以外の地域について、出生順位別に示している。実際に導入されるまでは、ANCが報道で大きく取り上げられることもなく、1988年の実施以前から人々が政策変更を事前に織り込んで出生行動を変えることはなかったとみられている。導入後に出生行動を変えたとしても、それが実際に出生率に現れるには1年近くかかることに注意してほしい。したがって、1988年までを介入前期間とみなすことができる[6]。

　ANC実施期間中である1989年から1997年にかけて、ケベック州の出生率は大幅に上昇した一方、カナダのその他の州では緩やかに出生率が低下した結果、両者の間に出生率の差がみられなくなった。平行トレンドの仮定が必ずしも満たされていない可能性はあるが、ANC導入前後での出生率の推移から、ANCがケベック州において出生率を引き上げたかもしれないと考えるのはそ

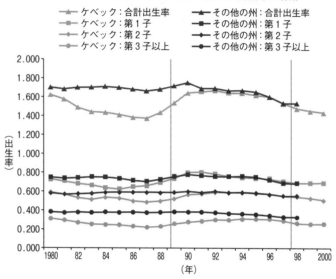

図2.5 ケベック州とその他の州における出生率の推移

(出所) Milligan (2005)、Fig.1より。

れほどおかしな話ではないだろう。

　また、出生順位が上がるにつれてケベック州における出生率も
特に強く上昇しているようにみえる。これは、第3子に対する給
付金額がきわめて大きいことと整合的である。注意してほしいが、
直接の給付は第3子に対するものであっても、第3子を持つため
には、第1子、第2子を持たなければならないため、第3子に対
する現金給付が、第1子、第2子の出生に対する経済的インセン
ティブとなりうる。

　このような地域差を利用した差の差分析は、ケベック州の
ANC 以外に対しても行われた。かなり時代をさかのぼるが、
「家族手当プログラム（Family Allowance Program：FAP）」とい
う子どもを持つ家庭に対する現金給付プログラムが、カナダの連

邦政府レベルで長らく行われていた。この制度について、州ごとの裁量が認められるようになると、やはりケベック州が1974年にFAPの内容を他の州と比べて大きく変えた。従来は出生順位による差はつけられていなかったものの、ケベック州では第3子以降に対する給付を手厚くしたのである。子育て費用に対する割合で評価すると、第3子に対しては13.7%、第4子以降に対しては20%に当たる金額を給付するようになった。

■ ロシアの育休給付金導入

ロシアでは1981年に育休制度を改革し、給付金を大幅に拡充した。改革以前は、一部の低所得世帯、あるいは多子世帯に対して手当が支払われていたほかは、112日にわたる完全有給の産前産後休暇が取得可能だった。また、無給の育休は子どもが1歳になるまでとることができた。

1981年の改革には3つの大きな要素がある。最も重要なものは、育休の有給化で、子どもが1歳になるまでは、女性の平均賃金の27%に当たる額が毎月支給された。2つ目は、無給の育休期間の18カ月までの延長である。3つ目は、出産一時金の導入で、第1子の出産時には女性の平均月額賃金の38%、第2子、第3子には76%がそれぞれ一時金として支払われた。

これらの制度を利用するためには、出産前に仕事をしていた、あるいは大学で学んでいた必要があったが、当時のロシアは、社会主義体制のソビエト連邦に属していたため、女性の就業率は85%にも達しており、大多数の女性が制度の対象となった。

この改革は32の州で先行して導入され、1年遅れで他の50州にも導入された。こういった制度導入のタイミングの違いは、差の差分析に利用することができる。実際、この制度改革が出生率に及ぼした影響を評価した研究があるので、5.1項（35頁）でその分析結果を紹介する[7]。

■ アメリカの給付付き税額控除（EITC）導入

アメリカは州の自律性が高いため、地域差を利用した差の差分析がよく行われている。3.2項（19頁）で紹介したEITCは1990年代に度重なる制度変更を経験した。それまでは子どもの有無のみで給付額が変化していたが、1991年には子どもが1人なのか、2人以上なのかで差がつくようになった。また、1994〜96年にかけて、給付額の上限が大幅に引き上げられた。こうした連邦政府レベルでのEITC改革に合わせる形で、州レベルでもEITCの導入あるいは改革が行われた。改革の時期も、給付の手厚さも州によって大きく異なったため、これらの地域差は差の差分析に利用することができる。そして、EITCが出生率に及ぼす影響の評価が行われている[8]。

4.2 制度の対象者と非対象者を比較する差の差分析

児童手当や税制を通じた子育て支援策は中央政府レベルで決められるため、地域差がほとんどみられない国も多い。こうした前提のもとで差の差分析による政策評価を行うためには、地域以外の軸で分けた介入群と対照群を設定しなければならない。評価したい政策とその成果変数がはっきりしていれば、介入群をみつけるのはそれほど難しくないことが多いが、対照群をみつけるのはなかなか難しい。ここでは、できるだけ介入群に似ていて、かつ政策変更の対象とならない集団を探すというのが基本的な発想になる。

■ イギリスの福祉改革

イギリスでは1999年に福祉制度改革が行われた。ここでは、その影響を評価した2つの実証研究の分析方法を紹介する。この改革の目玉は、先に3.2項（19頁）で紹介した勤労家族税額控除（WFTC）の導入である。WFTCはアメリカのEITCとよく似て

いるが、週16時間以上働いていて、年間所得が一定額に満たない場合は給付金が満額支払われる。EITC を説明した前掲の図2.3（20頁）でいえば、給付金が右上がりに増えていく局面がなく、平らになっている局面から始まると考えるとよい。もちろん、所得が一定額を超えると次第に給付が減らされ、最終的には WFTC の対象外となる。同年にはこの WFTC のほかにも、低所得世帯向けに追加の給付がなされ、さらには所得制限のない給付金も支払われるようになった。こうした制度改革で最も恩恵を受けたのは子どものいる低所得家庭である。所得が下位20％の子どもがいる家庭では、この改革で増えた給付金の総額は、家計所得の10〜12％に達した。

この一連の改革の評価を行った研究として、(1)いわゆるシングルマザーを介入群、子どものいない独身女性を対照群としたもの[9]と、(2)所得の代理変数としての教育年数に注目し、義務教育のみを終えた女性を介入群、19歳以降に教育を終えた女性を対照群としたもの[10]がある。(2)は、教育年数が短い場合は相対的に低所得、長い場合は高所得だということをふまえている。

一般論として、何を介入群とし、何を対照群とすべきかの選択は必ずしも一意に定まらないし、影響を知りたい成果変数によっても異なるだろう。分析の主眼が出生率に及ぼす影響の評価であるならば、(1)の研究のように子どもの有無で介入群と対照群を分けてしまうのは、やや問題があるかもしれない。この福祉改革は子どもを持つことの限界費用を引き下げているので、対照群とされた子どもを持たない女性も影響を受けている可能性が高いからだ。ただし、この分析の主眼は労働供給への影響にあり、子どものいない独身女性の出生行動に変化があったとしても、それが労働供給行動を大きく変えるようなものでないとすれば、彼らの分析方法はその研究目的に照らすと妥当だといえる。

一方、出生率に対する影響の評価を目的とすると、(2)の研究における介入群と対照群の選択がより妥当であるように思える。そのうえで、先に説明した平行トレンドの仮定の妥当性について、理論的にも実証的にもさまざまな議論が行われるべきであるし、結果が分析手法の詳細によらず頑健であるかどうかについても慎重な検討が必要だ。

■ ドイツの児童手当改革

ドイツでは1996年に児童手当改革が行われた。この改革により、児童手当が引き上げられると同時に、所得控除による税制優遇措置と一体化され、家計にとって有利な制度が自動的に適用されるようになった。この改革によって恩恵を受けたかどうかは、子どもの数によっても、所得によっても異なっている。

子どもが1人いる世帯についてみると、低所得世帯は児童手当を受け取るようになり、その総収入に占める割合は8％から12％へと上昇した。一方、高所得世帯は税制優遇措置を利用するようになったが、減税額の総収入に占める割合は2〜3％程度で改革前後に変化はない。

子どもが2人以上いる世帯について、受け取る金額をみると、子どもが1人いる世帯とは逆に、高所得世帯のほうが改革の恩恵を受け、低所得世帯についてはほとんど改革の影響がない。もっとも、総収入に占める割合で評価すると、高所得世帯にとっては1％未満の所得上昇にすぎない。

こうした制度上の特徴に着目した研究[11]がある。そこでは、学歴を所得の代理変数ととらえ、子どもがいない夫婦と1人いる夫婦のグループごとに、介入群と対照群を分けている。1つ目のグループでは、子どもがいない夫婦のうち低学歴世帯を介入群、子どもがいない夫婦のうち高学歴世帯を対照群とした。子どもがいない夫婦を分析の対象としているのは、第1子を持つことの費

用が低所得世帯で大きく下がったことの影響を評価したいためだ。2つ目のグループでは、子どもが1人いる夫婦のうち高学歴世帯を介入群、低学歴世帯を対照群とみなしている。第2子を持つことの費用が下がったのは、高所得世帯であるためだ。

■ ドイツの育休給付金改革

ドイツでは、2007年に育休給付金の制度が大きく変更された。制度変更以前は、高所得世帯を除き、子どもが生まれた世帯に月額300ユーロを最大24カ月にわたって支給していたが、制度変更後は、育休前所得の3分の2を最大12カ月受け取れるようになった。支給額の上限は月額1800ユーロであるが、育休前に所得がない、あるいは所得が低い場合でも、月額300ユーロが支給された。

この制度変更の結果、最も所得が低い世帯では、支給期間が24カ月から12カ月に短縮されたことに伴い、支給総額が3600ユーロも減少した。一方、高所得世帯では受取金額が大幅に上昇し、最大で2万1600ユーロの増加となった。

この制度変更に着目した研究[12]では、この違いに基づいて、上位35%の高所得層を介入群、それ以外の層を対照群として差の差分析が行われている。さらに、女性の所得は、育休制度の変更に直接影響を受ける可能性が高いこともふまえ、大卒者を介入群、それ以外を対照群とした分析も行われている。

■ イスラエルの児童手当改革

イスラエルでは、2001年と2003年に児童手当改革が行われた。2001年の改革では、5人目以降の子どもに対する手当が33〜47%増額されたが、その後1年半も待たずに廃止された。続く2003年には財政改革の一環として、児童手当の大幅な縮小が行われ、出生順位にかかわらず定額の手当が支払われるようになった。なかでも影響が大きかったのは、これまで手厚かった第3子以降に対する手当である。改革前の2002年は、第1子には159シェケル

（イスラエルの通貨単位。1シェケル約30円）、第3子には316シェケル、そして第5子については790シェケルの手当が支払われていたが、改革後の2003年には子ども1人当たり一律150シェケルに引き下げられた。

この2000年代前半の2度の大きな制度変化を利用することで、児童手当が出生率に及ぼす影響の評価が行われた[13]。この研究では、介入変数に「次に生まれる子どもが18歳になるまでに受け取るであろう児童手当の割引現在価値」をとっている。**割引現在価値**とは、「将来受け取るお金の価値を、もしすぐに受け取ることができたならばどの程度の価値を持つのか」を表したものだ。たとえば、1年後に103万円受け取れるならば、金利年率3％のもとでは、その価値はいますぐに受け取れる100万円と等しい。つまり、1年後の103万円の割引現在価値は100万円だということができる。

この研究では、全体の76％の女性が2人以上の子どもを持つことと、制度変更が大きかったのは第3子以降についてであったことから、子どもを2人以上持つ女性を分析の対象としている。

4.3　制度の変更前後を比較する回帰不連続デザイン
■出産一時金の政策評価

スペインでは2007年7月に所得制限なしの出産一時金が創設され、子どもが生まれた際に2500ユーロが一括で支払われることになった。これは最低賃金で働くフルタイム労働者の月給4.5カ月分に相当する大きな給付金である。

この政策を、**回帰不連続デザイン**（regression discontinuity design：**RDD**）という手法をもちいて評価した研究[14]がある。この手法も、政策評価で広く使われるもので、本書でも繰り返し登場するので、そのアイデアを説明しておこう。図2.6は、回帰不

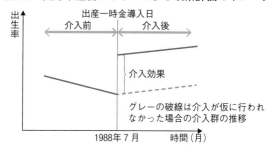

図2.6　回帰不連続デザインによる政策評価のイメージ

連続デザインによる政策評価のイメージを示したものだ。縦軸に
出生率を、横軸に時間（月）をとっている。出産一時金の導入を
介入とすると、介入以前は緩やかに出生率が推移していたが、介
入直後に出生率が急上昇している。回帰不連続デザインでは、こ
の介入直前と直後における出生率の急激な変化（あるいはグラフ
のジャンプ）を介入効果とみなす。この背後にある考え方は、
「仮に介入がなければ出生率はなめらかに推移し、不連続な変化
は起こらなかったはず」というものだ。この仮定が正しければ、
出生率の不連続な変化は介入効果とみなすことができる。

　手法に対する理解を深めるために、スペインの実際のデータも
みてみよう。図2.7は、縦軸に妊娠件数を、横軸に時間（月数）
をとっている。横軸が0となるのは出産一時金が導入された2007
年7月である。出産一時金導入直前と比べると、導入直後には妊
娠件数が大きく増え、不連続に変化していることがわかる。この
グラフにおける横軸の0付近でのジャンプは、短期的な政策効果
としてとらえることができる。またこの研究では、この出産一時
金の導入について政府から事前の予告がなく、一般には予想され
ていなかったため、政策実施の前後で比較が可能であるとしてい
る。

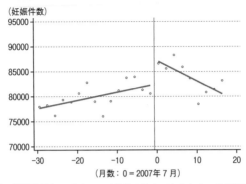

図2.7　スペインにおける出産一時金の効果

（妊娠件数）

（月数：0 = 2007年7月）

（注）改革の影響を最初に受けるのは横軸0時点であるため、垂直線は0のやや左に引かれている。

（出所）González（2013）、Fig.1より。

　同じくスペインで行われた2003年の税制改革の影響を評価した研究[15]でも、先と同様の識別戦略がもちいられている。この改革では、子どものいる家庭について控除額を増やすと同時に、3歳未満の子どもに対する給付金も300ユーロから1200ユーロへと大幅に引き上げられた。さらに、3歳未満の子どもを持つ働く母親に対する控除額も新たに導入された。それに対し、この研究では、2003年以前と以後で出生率に違いがないかどうかを検証している。改革直前直後ではなく、改革前後複数年にわたるように幅を広くとって分析しているため、回帰不連続デザインというよりは、単純な前後比較というほうがより妥当かもしれない[16]。

■ **育休給付金政策の評価**

　育休制度の評価で最もよく使われる手法は、回帰不連続デザインである。育休制度の変更は、ある特定の日にちをもって一国全体で行われることが多く、制度変更前に出産した場合には旧制度が、制度変更後に出産した場合には新制度が、すべての人に一律

に適用される。したがって、わずかな出産のタイミングの違いによって適用される育休制度が異なりうるが、母親の属性など、それ以外の点については違いがなければ、新制度のもとで出産した人と旧制度のもとで出産した人を比較することで、育休制度改革の効果を知ることができる。

　たとえば、4.2項（31頁）で取り上げた、2007年にドイツで行われた育休給付金制度の変更に対して回帰不連続デザインをもちいて評価した研究[17]では、出生率や出生のタイミングに及ぼした影響に関する政策評価がなされている。また、3.3項（20頁）でも触れた、オーストリアで1990年に行われた育休改革が出生行動に及ぼした影響を分析した研究[18]でも、回帰不連続デザインがもちいられている。

 ## 5　実証分析が示す現金給付と育休政策の効果

5.1　現金給付

　この節では、前の節で取り上げた数々の実証分析から浮かび上がってくる、現金給付政策が出生率に及ぼす効果の全体像を描き出してみたい。そのため、個々の研究で得られた結果の詳細には踏み込まず、既存の実証分析が総体として何をどこまで明らかにしてきたかに着目する。

　全体としていえるのは、「出生率は現金給付政策に反応しうる」ということだ。とはいえ、その効果は大きなものではなさそうだ。統計的に明確な効果を報告しているのは、イスラエル[19]、カナダ[20]、スペイン[21]、ロシア[22]、オーストリア[23]、フランス[24]、ドイツの育休給付金[25]のケースだ。一方、アメリカ[26]、イギリス[27]、そしてドイツの児童手当[28]では、出生率が上がらなかったという結果が報告されている。

4.1項（22頁）で紹介したカナダ・ケベック州の育児手当改革の研究[29]では、同州の給付金に対する出生率の弾力性は0.107と報告されている。**弾力性**は経済学の頻出概念で、ある介入に対する感応度の大きさを表す指標である。弾力性が0.107ということは、「給付金が1％増えると、出生率が0.107％増える」ということを意味している。同様に、イスラエル[30]とドイツ[31]を対象とした研究でも弾力性が計算され、どちらも0.19と報告されている。一方、スペインを対象とした分析[32]では、弾力性は0.022とかなり低いことが明らかになった。

介入効果の強さについての別の指標として、家計が負う子育て支出に対する出生率の弾力性を報告した研究[33]もある。これによれば、ロシアでは子どもが18歳になるまでに家計が負う子育て支出が1％減ると、出生率は3.7％上がった、つまり弾力性は−3.7だと計算されている。さらにここでは、他の研究で得られた推定値から同様の弾力性を計算し、オーストリア[34]は−4.4、スペイン[35]は−3.8、カナダ[36]は−4.1、そしてイスラエル[37]は−0.54であると報告している。給付金に対する弾力性と比べて数字が大きいのは、給付金額と子育て支出金額の水準が大きく異なるためだ。前者はたかだか数十万円ほどであるのに対し、後者は1000万円を超える額になる。

いくつかの研究では、すでにいる子どもの数や家計所得によって政策の効果が異なるか否かを検証しているものの、はっきりした結果を見いだすのは難しい。このような家庭環境の違いによる政策効果の異質性はみられなかったという研究[38]が多くある一方、子どもの数によって政策効果が異なることを示した研究も存在する。たとえば、カナダのケベック州では第3子にかなり大きな金額の給付を行った結果、第3子の出生率が特に強く上昇した。この影響を分析した研究[39]では、給付金額当たりの効果で評価

し直すと、第3子の出生に対する効果はむしろ弱く、第2子の出生に対しての効果が相対的に大きいことが明らかになった。加えて、第1子に対しての効果が大きく、出生順位が上がるにつれて効果は弱まり、第3子以降に対しては効果がないことを示した研究[40]もある。また、所得階層別の分析を行った研究[41]では、低所得層のほうが強く反応していることを明らかにしている。

　現金給付政策のなかには、アメリカのEITC[42]やイギリスのWFTC[43]、あるいはスペインの税制優遇措置[44]にみられるように、母親の就業率を引き上げることをその目的としているものがある。こうした政策では、母親の就業率を引き上げることには成功している一方で、結果的に子どもを持つことの限界費用を引き上げてしまい、出生率の上昇にはつながらなかったという点は、政策上重要な知見だ。また、フランスを対象とした研究では児童手当が出生率を引き上げる一方で、母親の就業率を下げることが示されている[45]。母親の就業率と出生率の引き上げはトレードオフの関係にあり、両者を同時に引き上げることは容易ではないのだ。

　子どもの「量」と「質」がトレードオフの関係にあることを指摘したベッカー理論に関連して、子どものいる家計に対する現金給付が「量」と「質」に及ぼす影響を同時に評価した研究[46]もみられる。すでに述べたとおり、この研究では2500ユーロの出産一時金が出生率を引き上げたことがわかったが、家計の消費額や子どもに対する支出額に対する変化は認められなかった。また、母親の出産後の仕事復帰までの期間が長くなり、保育サービスの利用が減少したことがわかった。しかし、これが子どもの発達にどのような影響を及ぼしたのかまでは明らかにされていない。

5.2 育休制度

出産行動への影響を評価した研究は数が少ないが、3.3項（20頁）でも触れたオーストリアでの育休改革の影響を分析した研究がある[47]。育休取得の条件として、出産前に就業していることが求められるが、育休を終了してから3カ月半の間に出産する場合には、この条件が適用されず、就業を経ずに連続して育休を取得することができる。

1990年の改革前は子どもが1歳に達するまで育休をとることができた。したがって、出産から15カ月半のうちに次の子どもを生む場合には、連続して育休をとることができるわけだ。しかし、これは2つの出産の間の期間が短すぎて、実際に連続して育休をとることは難しかった。ところが、改革後は子どもが2歳になるまで育休をとることができるようになったため、出産から次の出産までの間が27カ月半ならば、連続して育休をとることができるようになった。これだけ間があいていれば、無理なく出産を行えるため、連続して育休をとれるように出産時期を調整する人が現れると考えられていた。

これを受け、この研究では育休改革直前の1990年6月に出産した人々と、改革直後の同年7月に出産した人々の、その後の出産行動を比較した。図2.8の横軸は出産時期で、縦軸は次の出産を行った（さらに子どもを持った）人の割合を示している。縦の線は育休改革が行われた時期にあたる。実線は改革後に出産した人々、つまり介入群であり、破線で示されたグループは改革前に出産した人々であるから対照群となる。グラフから明らかなように、育休改革が行われたタイミングで不連続な変化、つまりグラフのジャンプが生じている。これは、育休改革の結果、出産時期の調整（前倒し）が起こり、ある出産から次の出産が3年以内に行われる確率が4.5ポイント（あるいは15％）増加したことを示し

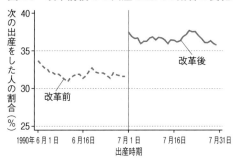

図2.8 改革前後での出産した人の割合の変化

（出所）Lalive and Zweimüller（2009）、Figure III より。

ている。さらに詳しく分析した結果、出生が前倒しされただけで
なく、10年という長期間でみても、女性100人当たり3人の子ど
もが制度変更の結果として生まれたとしている。

　さらに、ここでは1987年6月に出産した人々と、1990年6月に
出産した人々の間での出産行動の比較も行われている。どちらも
育休改革前に出産しているため、上で述べたような、連続して育
休をとるために出産時期をずらすといったことは起こりえない。
一方、1990年6月に出産した人々は、次に子どもを生んだ場合に
は、その子どもは新たな育休制度の対象となるため、子育ての機
会費用が下がる一方、1987年6月に出産した人々はそうした見通
しを持っていなかった。したがって、両者を比較することで、育
休制度がこれから生まれてくる子どもの子育ての機会費用を下げ
ることの効果を測ることができる。分析では1987年と比べて、
1990年6月の出産から3年以内に次の出産が行われる割合が21％
増加したことが報告されている。

　一方、ノルウェーの育休改革においては、育休改革から14年の
期間において、出生率は影響を受けなかったという分析結果が得
られた[48]。同様に、スウェーデンで1987年に行われた12カ月か

ら15カ月への育休期間延長の影響を評価した研究[49]でも、出生率への影響がなかったことが報告されている。このように、たびたび触れているオーストリアの育休改革を分析した研究とは異なる結果も報告されている。オーストリアの事例はきわめて興味深いものの、育休制度が出生に及ぼす影響について分析した研究は数が少ないため、同様の効果が他の国々でもみられるのかどうかについては、まだ判断が難しい。

6 おわりに

この章では、家族関係社会支出のうちの現金給付と育休制度が出生率に及ぼす影響について、経済学的な議論を整理した。理論的に重要なのは、充実した現金給付は必ずしも出生率の引き上げにつながらないという点だ。これは、現金給付の充実に子どもに対する投資がより強く反応する結果、子どもを持つことの限界費用を引き上げられてしまうためだ。また、母親の就業率を増やすことも目的としているような制度でも同様の問題を抱えうる。これは、子育ての機会費用を引き上げてしまうためだ。

実証分析の方法については、差の差分析と回帰不連続デザインを紹介した。分析対象としたい制度や成果変数に応じて、適切な方法を選ぶ必要がある。

実証分析の結果からは、しっかりとしたコンセンサスがあるとまではいえないかもしれないが、それでも一定の知見が得られている。特に、給付金額に対する出生率の弾力性を0.1〜0.2程度とするものが多いこと、子育て費用に対する出生率の弾力性は −4 程度が多いことは興味深い結果であり、政策上も重要な情報だ。

最後に、これら実証分析にも限界があることを指摘しておきたい。実証研究では政策変更後数年の範囲での出生行動の変化を見

ているわけだが、ある年齢での出生率が上がっていたとしても、それは子どもを生むタイミングが変化しただけであるという可能性を完全に排除できるわけではない。厳密には、生涯を通じた出生数の変化を追わなければならないが、必ずしもそうした分析ができているわけではない。

🎓 数学補論：子どもの「質」と「量」についての理論モデル

この補論では、本章3節（16頁）で紹介したベッカーの理論[50]の詳細を解説する。これは、子どもの「質」と「量」の両方を選択する親の意思決定モデルであった。家計は消費 z に加え、子どもの数 n と子どもに対する投資 q からも効用を得る。ここでいう「子どもに対する投資」とは、習い事や私立学校などの市場財に対する支出のことである。単純化のため、親が子育てにかける時間は投資とみなさない。また、きょうだい間で、投資額は変わらないものとする。このとき、家計の効用関数は、$U(n, q, z)$ と書くことができる。

続いて、家計の予算制約を考えよう。家計所得 I は外生的に与えられるものとする。子どもに対する投資財の価格を π、消費財の価格を π_z とすると、この家計の予算制約は

$$I = \pi n q + \pi_z z$$

となる。家計は、この予算制約のもとで効用が最大になるように、子どもの数 n、子ども1人当たりの投資 q、そして消費 z を決める。この効用最大化問題自体は単純であるが、重要なポイントが含まれている。それは、子どもを1人増やすことの限界費用は πq であり、子どもに投資する金額 q が増えるにつれて、限界費用も大きくなるという点だ。同様に、子どもに対する投資を増やすことの限界費用は πn であり、子どもが多いほど投資の限界費用も高くなる。したがって、子どもの数を増やそうとすると、子どもに対する投資は減らさざるをえ

ないし、逆に、投資を増やすならば、子どもの数は減らさざるをえない。このように、子どもの「量」と「質」は両立しないトレードオフの関係にあるというのが、ベッカー理論の肝だ。

またこのモデルでは、子どもの数 n が一定のもとでは、投資 q は**正常財**であり、所得 I が増えるにつれて q も増えるとしている。同様に、投資 q が一定のもとでは子どもの数 n が正常財であるとしている。これらは標準的な仮定といってよいだろう。ここでベッカーは、他方が一定である場合には、投資 q のほうが子どもの数 n よりも、所得 I に対してより弾力的であると指摘している。これが正しいとすると、n と q が同時決定するような場面においては、所得 I の増加は必ずしも子どもの数 n の増加につながらないことが示せる[51]。

この一見不思議にみえる結果は、前述の「量」と「質」のトレードオフから導かれている。所得 I が増えると、子どもに対する投資 q がより大きく増えるのに伴い、子どもの数 n を増やすことに対する限界費用が大きく上昇する。この効果があまりに強く出ると、所得が増えた結果、子どもに対する投資 q が増える一方で、子どもの数 n は逆に減少するということが起きてしまう。

このベッカーのモデルは、家族政策の分析に応用しやすい形に拡張されている[52]。効用関数はベッカーのモデルと同じ $U(n, q, z)$ であるが、拡張されたモデルでは母親の就業と子育てに費やす時間を予算制約に組み込んでいる。夫婦は最大 T 時間を市場労働に使うことができ、夫と妻の時間当たり賃金はそれぞれ w_m と w_f で与えられる。子育ては妻が行い、子ども1人当たり t 時間費やすものとする。子どもに対する投資財の価格を π、消費財の価格を π_z とすると、家計の予算制約は

$$tw_f n + \pi n q + \pi_z z = T(w_f + w_m)$$

と書ける。右辺は、この家計が最大限働いた場合の所得である。左辺の第1項は子育ての機会費用で、第2項は子どもへの総投資額、第3項は消費支出である。

ここで、現金給付を明示的にモデルのなかに組み込もう。子ども1

人につき、児童手当 b が支払われるものとする。また、育休を取得した場合は、育休期間中に時間当たりの給付金 a が支払われる。このとき、予算制約は次のように書きかえることができる。

$$t(w_f - a)n + \pi qn + \pi_z z = T(w_f + w_m) + bn$$

左辺第1項は子育ての機会費用であるが、時間当たりの機会費用が育休給付金 a の分だけ減っている。また、右辺第2項は児童手当の受け取り総額である。

　この予算制約のもとで、子どもの数 n と子ども1人当たりの投資 q を選ぶことで家計効用を最大化する問題を考えてみよう。すると、児童手当 b の増額も、育休給付金 a の増額も、必ずしも子どもの数 n を増やさないことを示すことができる。この背後にある論理はベッカー理論と同様で、子ども1人当たりの投資 q が所得に対して弾力的な場合、子どもを増やすことの機会費用を大きく引き上げてしまうことがあるためである。

☞ 注

1）Becker and Lewis（1973）。

2）Malkova（2018）。

3）Black, Devereux and Salvanes（2005）。

4）Lalive and Zweimüller（2009）。

5）Milligan（2005）。

6）この介入前期間に、介入群と対照群のグラフが平行に推移していれば、平行トレンドの仮定が満たされている可能性が高い。対照群の出生率は1980～88年を通じてほぼ一定であるのに対して、介入群であるケベック州の出生率は、1980年代序盤に低下し、介入期間に入る1年前の1988年には出生率が上昇に転じている。これらは、平行トレンドの仮定が満たされていない可能性があることを示唆している。こうした介入期間前から生じているトレンドの違いを取り除くためには、地域レベルのコントロール変数を回帰モデルのなかに含める必要がある。

7）Malkova（2018）。

8）Baughman and Dickert-Conlin（2003, 2009）.

9）Francesconi and van der Klaauw（2007）.

10）Brewer, Ratcliffe and Smith（2012）.

11）Riphahn and Wiynck（2017）.

12）Raute（2019）.

13）Cohen, Dehejia and Romanov（2013）.

14）González（2013）.

15）Azmat and González（2010）.

16）少数ながら、第9章で詳しく取り上げる「構造推定アプローチ」により、現金給付が出生率に及ぼす影響を評価した研究もある。その代表的な研究では、フランスの児童手当や控除などの税制優遇措置を明示的に取り込んで、女性の就業と出産行動を、離散選択モデルとして定式化している（Laroque and Salanié 2014）。比較的単純な静学モデルであるが、その分、識別についてフォーマルな議論が行われている。識別のための外生変数には、夫と妻の賃金をとっているが、これらが税制を通じて手取りの家計所得を大きく変化させることも識別上の助けになっている。

17）Cygan-Rehm（2016）, Raute（2019）.

18）Lalive and Zweimüller（2009）.

19）Cohen, Dehejia and Romanov（2013）.

20）Malak, Rahman and Yip（2019）, Milligan（2005）.

21）Azmat and González（2010）, González（2013）.

22）Malkova（2018）.

23）Lalive and Zweimüller（2009）.

24）Laroque and Salanié（2014）.

25）Raute（2019）.

26）Baughman and Dickert-Conlin（2003, 2009）.

27）Brewer, Ratcliffe and Smith（2012）, Francesconi and van der Klaauw（2007）.

28）Riphahn and Wiynck（2017）.

29）Milligan（2005）.

30）Cohen and Siegelman（2010）.

31）Raute（2019）.

32）Azmat and González（2010）.

33）Malkova（2018）.

34）Lalive and Zweimüller（2009）.

35）González（2013）.

36）Milligan（2005）.

37）Cohen, Dehejia and Romanov（2013）.

38）Francesconi and van der Klaauw（2007）, Baughman and Dickert-Conlin （2009）, Azmat and González（2010）, Brewer et al.（2014）.

39）Milligan（2005）.

40）Raute（2019）.

41）Cohen, Dehejia and Romanov（2013）.

42）Baughman and Dickert-Conlin（2009）.

43）Brewer, Ratcliffe and Smith（2012）, Francesconi and van der Klaauw （2007）.

44）Azmat and González（2010）.

45）Laroque and Salanié（2014）.

46）González（2013）.

47）Lalive and Zweimüller（2009）.

48）Dahl et al.（2016）.

49）Liu and Skans（2010）.

50）Becker and Lewis（1973）.

51）数学的な証明は、Becker and Lewis（1973）を参照。

52）Malkova（2018）.

第 3 章

保育支援で子どもは増える？

1 はじめに

　この章では、「保育政策は出生率を引き上げるのか」という問いに、経済学の理論と実証研究に基づいて答えていく。知ってのとおり、保育は社会的にも政策的にも重要な課題であり続けてきた。1995年に厚生省（現・厚生労働省）が待機児童数をはじめて発表して以来、長年にわたってテレビ・新聞などのメディアでは待機児童問題が取り上げられ続けてきたが、この問題は一向に解決の気配がない。

　この本の第2、3部でみるように、保育には母親の就業を支援するという役割や、幼児教育を提供するという役割もあるが、それらは短期的、あるいは副次的な目的としてとらえられることが多い。やはり、日本における保育政策の最大の目的は少子化対策だろう。たとえば、2000年代の主要な保育改革の背景にあるのは2003年に施行された「少子化対策基本法」である。同法では「保育サービス等の充実」を基本的施策の1つにあげていた。また、2015年には当時の安倍晋三首相がアベノミクス「新・三本の矢」の1つに「夢をつむぐ子育て支援」をかかげ、出生率を当時のおよそ1.4から1.8まで引き上げることを目標としていた。この子育て支援策のなかには待機児童対策や、2019年10月に実施された幼児教育の無償化が含まれていた。

以下ではまず、世界各国で実施されている保育政策について整理する。それをふまえて、保育料金に対する補助金が人々の出生行動にどのような影響を及ぼすのか、経済学の理論に基づいて議論をまとめる。その後、政策評価の方法について解説し、最後にそれぞれの効果を分析した実証研究の結果を吟味する。

2　世界各国の保育政策

　この章では、保育政策が出生率に及ぼす影響を評価した研究を紹介する。異なる国々の保育政策を取り上げるので、まずこの節ではその内容をおさえておこう。

2.1　保育所増設

■旧西ドイツ地域の保育改革

　2000年代半ばの旧西ドイツ地域における保育改革を取り上げた分析[1]は、この章で紹介する研究のなかでも特に優れたものだ。詳細はこの章の5.1項（54頁）で解説するが、ここではその概要をおさえておこう。社会主義体制を経験した旧東ドイツ地域では保育所が十分に整備されていた一方、旧西ドイツ地域では0〜2歳児向けの保育所はきわめて限られたものであり、保育所定員率（子ども1人当たりの保育所枠）はわずか5％にすぎなかった。そうした状況のなか、ドイツ政府は2005年から2008年にかけて、出生率の向上を目標とする保育改革を行った。この改革を推進するために連邦政府と地方政府の協力関係が築かれ、1歳以上の子どもが保育所に入所する法的な権利が付与されるようになった。その結果、2009年には保育所定員率が15％ほどとなり、改革前の3倍に増えた。

　なお、ドイツでは日本同様、保育所利用に多額の補助金が支払

われており、利用者である親が支払うのは費用全体の14％にとどまる。保育料金は子どもの数や世帯収入に応じて変動し、月当たりの料金は 0 から600ユーロ（約 7 万2000円）である。

■ 日本の保育改革

冒頭でも触れたように、日本では2000年代にさまざまな政策が少子化対策として実施された。主要なものとしては、2003年に施行された「少子化対策基本法」があげられる。この法律に続く形で、2004年には「少子化社会対策大綱」が閣議決定され、その具体的実施計画として「子ども・子育て応援プラン」が2005年に策定された。この時期に行われた保育所増設が出生率に及ぼした影響を評価した研究[2]によれば、こうした取り組みの結果、2000年から2010年にかけて、保育所定員率は26％から34％へ上昇した。

■ ノルウェーの保育所整備

ノルウェーにおける保育所増設が出生行動・出生率に及ぼす影響を評価した研究[3]では、短期間に集中して行われた保育改革ではなく、1973〜98年の26年という長期間を通じた保育政策の進捗の成果に対する評価が行われている。1973年には 0 〜 6 歳向けの保育所はほとんど存在しなかったが、1990年代後半には、保育所定員率は40％へと大きく上昇した。

ノルウェーの保育所は公営のものが中心であるが、保育所が不足している地域ではそれを補う形で民営の保育所も存在する。いずれの場合も政府から補助金が支払われており、2007年の平均的な家庭が支払う保育料金は月当たり 3 万6000円ほどである。こうした補助金の背景には、原油と天然ガスから政府が大きな収入を得ており、財政的に安定しているという事情もある。

2.2 価格引き下げ

■スウェーデンの保育料改革

一般にもよく知られているように、スウェーデンは子育て支援のための家族政策が充実しており、早くから低価格で利用できる保育所が整備されていた。2004年の段階で3～6歳の子どもたちの9割が保育所に入所している。1～2歳の子どもたちについての保育所の入所率も65％ほどと非常に高いものの、0歳児保育は原則として行っていない。

保育料金は「適正」であることが法的に求められ、利用者である親が支払う料金は、実際の保育費用の15～20％程度にとどまっていた。保育料金は自治体ごとに設定されていたため、ある程度の地域差があったが、2002年に中央政府が上限をもうけるとともに、料金は家計所得の一定割合と定めることで地域差が解消された。この政策変更を評価した研究[4]を、この章の5.2項（59頁）で改めて紹介する。

改革前の1999年時点では、平均的な家庭が支払う保育料金は月3万円程度だったが、地域により1万8000～4万5000円と幅があった。改革後の2002年になると、平均的な保育料金は2万1000円に引き下げられ、一部の例外を除き保育料金の地域差もなくなった。

2.3 家庭保育への支援金

■旧東ドイツ地域での家庭保育支援金導入

広義の保育政策として、2006年に旧東ドイツ地域で導入された家庭保育への支援金についてもふれておきたい。この政策を評価した研究[5]についても、この章の5.3項（59頁）で紹介する。2.1項で述べたとおり、旧東ドイツ地域では長年、十分に保育所が整備されており、需要超過におちいっていた旧西ドイツ地域とは大

きく状況が異なる。ほとんどの家庭が希望すれば低廉な保育所を使えるなか、旧東ドイツ地域のチューリンゲン州では、保育所を利用していない2歳児の親に対して、家庭保育への支援金を支払うという制度を2006年に導入したのである。第1子については月150ユーロ、第2子、第3子についてはそれぞれ200ユーロ、250ユーロが支払われ、第4子以降は月300ユーロとなっている。実際に家庭に支払われた支援金額は、家計所得の中央値（所得順に家計を並べたときにちょうど真ん中にあたる家計の所得）の10%ほどにあたる。

　この新制度導入以前は家計所得に応じた補助金が支払われており、保育所利用の有無は補助金支払いに影響しなかった。一方、新制度のもとでは、保育所利用の有無が補助金支払いを決定し、家計所得や両親の就業は条件とされなくなった点が特徴だ。

3 経済学で考える保育政策の出生率引き上げ効果

　保育政策は出生率に対してどのような影響を与えるのだろうか。この節では経済理論に基づいて議論を整理してみよう。ほとんどの保育政策は、広い意味では保育料金に対する補助金とみなすことができる。言いかえれば、政策は実質的な保育料金を変化させていると解釈されるのだ。したがって、保育料金が出生行動に及ぼす影響という枠組みで分析するのが標準的な考え方になる。そこで、出生率、女性の就業、そして保育料金の三者の関係をとらえた理論モデルを通じて、この影響を考えよう[6]。以下では、親は、自身の消費や自由時間が変わらなければ、より多くの子どもを持ちたいと望んでいるものとする。経済学的には、子どもは**正常財**とみなすということだ。

　まずは保育所が存在せず、親が自ら子どもを育てなければなら

ない状況について考えてみよう。ここで、社会規範、あるいはジェンダーバイアスのために、母親だけが子育てに時間を費やすものとする。これは社会のあるべき姿ではないだろうが、現状認識としては妥当な想定だろう。この状況下では、母親の賃金が上がるほど、持ちたい子どもの数が少なくなっていく。この背景にあるのは、実質的な子育て費用は、子育てにかかる母親の時間の経済的価値であるという考え方だ。したがって、女性の賃金が上がるということは、実質的な子育て費用、言いかえれば子育ての機会費用が上がることを意味するため、保育所がない社会での女性賃金の上昇は出生率を下げる方向に働きうるのだ。

　続いて、保育所を利用できる場合を考えてみよう。保育所にも一定の費用がかかるが、母親がかけなければならない子育て時間を少なくすることができるものとしよう。この状況下では、母親の賃金の上昇は、それほど大きな子育ての機会費用の上昇につながらない。つまり、保育所が利用できるのならば、母親の賃金の上昇は出生率に大きな悪影響を及ぼさないのだ。保育所が利用できるならば、そうでない場合と比較して、子どもの数が増えることが母親の子育て時間の増加にそのままつながるわけではない。言いかえれば、保育所がある社会においては子どもを持つことの機会費用が抑えられているのだ。その結果、女性賃金と出生率の負の関係は弱められる。より経済学的な表現で述べると、低廉な保育サービスが使える場合には女性の子育て時間が容易に代替されるため、女性の労働市場進出と出生率の負の関係は弱まるし、正の関係に転じることさえあるということだ。

　ここでさらに、保育所利用に補助金が支払われるようになったとしよう。これはより安い費用で子どもを育てられることを意味するので、親はより多くの子どもを持ちたいと考えるだろう。

　以上、出生率、女性の就業、そして保育料金の関係について経

済理論に基づいて考察した。理論モデルのより詳しい内容は、章末の数学補論（61頁）を参照してほしい。

4 政策評価の考え方

この節では、保育政策が出生率に及ぼす影響を分析する方法について説明する。ほとんどの国において、保育政策は自治体レベルで実施されるので、一国内で地域差が生じやすい。そのため、この地域差を活かした**差の差分析（DID）**を行うのが標準的なやり方だ。具体的な政策の内容はさまざまに異なるが、分析のための枠組みは共通している。

まずは最も単純でわかりやすいケースとして、政策介入が「あり」「なし」の2つの場合しかない場合から考えよう。旧東ドイツ・チューリンゲン州における家庭保育支援金制度導入の効果を検証した研究[7]では、介入群は「チューリンゲン州に住む家族たち」で、対照群は「旧東ドイツ地域の他の州に住む家族たち」だ。チューリンゲン州における新制度導入前後の出生率の変化と、その他の州の同時期の出生率の変化を比較することで、政策効果を知ることができる。

もちろん、政策介入は単純な「あり」「なし」の2種類に必ずしも収まるわけではない。どの地域でも大なり小なり介入は行われているが、その介入の度合いが地域によって異なることもあるだろう。そうした場合にも、差の差分析を適用することはできる。

旧西ドイツ地域における保育所整備の効果を評価した研究[8]は、その一例だ。この研究では、保育政策介入の指標として、地域における子ども1人当たりの保育所定員数を利用している。この指標は**保育所定員率**とよばれることが多く、保育所の利用しやすさをとらえたものと解釈することができる。この研究では、2002年

から2009年にかけての保育所定員率の変化を旧西ドイツ地域の各郡について計算し、その中央値よりも保育所定員率の伸びが多い郡を介入群、中央値以下を対照群と定義している。これら介入群と対照群について、2002年以降の出生率の推移を比較することで政策効果を測るというのが基本的な発想だ。

　本来は連続的な値をとる指標を介入の「あり」「なし」の2つに変換することで、明確に介入群と対照群を分けるので、わかりやすい分析を行うことができるようになる。しかし、そうした利点の一方で、指標の持つ情報、つまり介入の強さの度合いを捨ててしまっているという欠点がある。この欠点を補うためには、やはり保育所定員率を連続的な値のまま分析に取り入れていなければならない。こうした分析は、この旧西ドイツ地域を対象とした研究だけでなく、日本の出生率に対して保育所定員率の上昇がもたらした効果を評価した研究[9]や、ノルウェーを対象とした研究[10]でも行われている。この統計分析手法の詳細はやや数学的に複雑になるので、巻末付録のパート A.1（223頁）を参照してほしい。

　一方、スウェーデンにおける保育料金の地域差の解消と料金引き下げを評価した研究[11]は、介入変数に保育所定員率ではなく保育料金をとっている点が上記と異なる。もっとも、基本的な識別戦略に変わりはない。改革後は保育料金の地域差がほぼなくなったが、改革前の保育料金には地域差があった。そのため、保育料金の値下げ幅でみると、大きな地域差が存在することになる。この地域差を利用して、保育料金が出生率に及ぼす影響を評価することができるのだ。

5 実証分析が示す保育政策の効果

5.1 保育所増設の効果

■旧西ドイツ地域

まずは2005年に旧西ドイツ地域で行われた保育改革の効果を検証してみよう[12]。図3.1(a)は、介入群と対照群のそれぞれについて、保育所定員率の推移を示している。介入群は保育所定員率の伸びが上位50%の郡、対照群は下位50%の郡から構成される。2005年の介入前には両者の間に差がなかったが、介入後には大きな差がみられるようになった。したがって、2005年の保育改革の結果、保育所定員率に差がついたといえる。

図3.1(b)は、出生率の推移を示している。改革直後の2006年頃までは両者とも出生率が下がり続けているが、改革後に底を打ち、上昇に転じている。重要なのは、改革後に、介入群の出生率の伸びが早まり、対照群との差が縮まっていることだ。つまり、改革が出生率引き上げにつながったことを示している。

続いて、介入変数(つまり保育所定員率)をそのまま連続変数として扱った場合の統計分析の結果についても紹介する。分析の結果、保育所定員率が10%ポイント上昇すると、出生率が1.228%ポイント、あるいは2.8%上昇することがわかった。さらに詳しく分析すると、特に効果があったのは29〜33歳の出生率であった。また、出生順位別にみると、第1子から第3子までの出生が増えていることがわかったが、特に第2子の出生が増えていた。つまり、新しく母親になる人が増えた効果よりも、すでに子どもを1人持つ人が2人目を持つような効果が大きかったようだ。

出生率が上がった一方で気になるのは、新生児たちの健康面だ。保育改革は、より多くの人に子どもを持つことをうながすが、そ

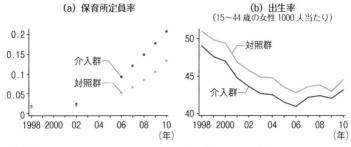

図3.1 保育所定員率と出生率の推移

(a) 保育所定員率

(b) 出生率
(15〜44歳の女性1000人当たり)

介入群
対照群
対照群
介入群

1998 2000 02 04 06 08 10
(年)

1998 2000 02 04 06 08 10
(年)

（出所）Bauernschuster, Hener and Rainer（2016）、Figure 2より。

こには副作用はなかったのだろうか。出生時の身長と体重、そして低出生体重児（2500g未満）の出現率といった指標でみる限り、子どもの健康面に影響はなかったようだ。

ここまでの分析で、旧西ドイツ地域における保育改革が出生率を引き上げたことがわかったが、その成果は費用に見合ったものだったのだろうか。出生率を引き上げる別の政策として考えられるのは児童手当のような現金給付であるが、それと比べてより効果的なのか。こうした疑問から、この研究では簡単な費用対効果分析も行われている。多国間データをもちいた過去の研究[13]によると、児童手当に対する出生率の弾力性は0.16であり、これがドイツにも当てはまるものとする。ドイツはおよそ400億ユーロを児童手当に使っているから、児童手当1％の増額は4億ユーロの支出と引きかえに、出生率を0.16％上げることにつながる。

しかし、同額を保育所増設にまわすと5万8823人分の保育枠が生まれる。これは保育所定員率に換算すると2.9％ポイントの増加にあたる。この保育所定員率の増加に対応して出生率は0.82％上がるから、児童手当と比べて5倍以上効果的ということになる。保育所増設は母親就業を増やすことを通じて税収増に寄与するこ

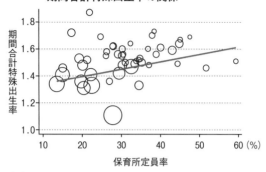

図3.2 日本の都道府県における保育所定員率と
　　　期間合計特殊出生率の関係

（縦軸）期間合計特殊出生率
（横軸）保育所定員率

（注）この関係は因果関係を示しているわけではないことに注意。
（出所）Fukai（2017）、Figure 4より。

ともあわせて考えると、保育所増設は児童手当よりも費用対効果
の高い政策であると結論づけている。

■日本

　次に、日本の2000年代の保育所整備の進展と出生率の関係につ
いての検証結果をみていこう[14]。図3.2に示されているように、
都道府県における保育所整備と出生率の間には強い正の相関関係
があることは長く知られており、これを根拠に少子化対策として
の保育所整備が進められていた。しかし、こうした相関関係が必
ずしも因果関係を意味するわけではない。そこで、この研究では
市町村レベルのデータを使い、介入変数を保育所定員率としたう
えで差の差分析を行っている。

　分析結果によると、平均的には保育所定員率を上げても出生率
が上昇したとは、統計学的にはみなせなかった。しかし、すべて
の地域で一様に効果がなかったとも限らない。むしろ、待機児童
が発生している地域、なかでも就業を望んでいる女性が多いよう
な地域においては効果があったかもしれない。そこでこの研究で

は、市町村別に女性の労働力参加率の予測値を計算し、それに基づいて地域を分類したうえで差の差分析を行った。その結果、待機児童が発生していて、女性の労働力参加率の予測値が中央値を超えるような地域では、保育所定員率10％ポイント増に対して、25〜39歳の出生率が1000人当たり3件、あるいは4％増えることがわかった。

日本における保育政策の費用対効果はどのようなものなのだろうか。この研究のなかでは費用対効果分析は行われていないが、先ほどの旧西ドイツ地域における分析と同じような方法を筆者が当てはめてみたので、その試算の結果を紹介する。

国立社会保障・人口問題研究所が公表している「社会保障費用統計」によると、2017年度の家族関係社会支出のうち現金給付は3兆5600億円である。日本における現金給付に対する出生率の弾力性はわからないが、ひとまず諸外国と同じく0.16だとしよう（ここは重要な点だと思われるが、あとで議論する）。この場合、現金給付の1％に当たる356億円で出生率は0.16％上がることになる。

同じ財政支出を保育所整備にまわした場合、出生率はどのように変化するだろうか。この研究では、待機児童が発生していて、女性の労働力参加率が高いような地域については、保育所定員率10％当たり出生率が4％増えることを示されている。2017年の認可保育所の受け入れ枠は283万人[15]で、6歳未満の人口は592万人[16]であるから、保育所定員率は48％ほどになる。財政制度等審議会の2017年5月25日付の資料[17]によると、待機児童が集中している1〜2歳児1人当たりの公費負担額は月額で9.3万円、年額では111.6万円である。したがって、年間356億円の予算で3万1900人の保育枠が新たに増える。これは保育所定員率が0.5％ポイント増えることに等しい。この数字に、先にあげた日本の保

育所定員率と出生率の関係の数値を当てはめると、出生率は0.2％増加することになる。したがって、この試算によると、日本でも保育所整備のほうが現金給付よりも有効な少子化対策であるが、その差は大きなものではない。もっとも、この計算は非常に大雑把なものなので、その妥当性についてはさらなる検討が必要だ。

ドイツと日本についての試算結果はなぜ異なるのだろうか。ざっくりした試算なので、いろいろな理由がありうるが、現金給付に対する出生率の弾力性をいずれの国でも0.16としている点が影響しているのではないかと考えている。日本の真の数字はおそらく、もっと低いものだろう。第2章の図2.1（14頁）で紹介したように、2015年の対GDP比でみた家族関係社会支出は、ドイツが3.06％に対して、日本は1.61％と半分程度だ。したがって、現金給付が1％増えたといっても、ドイツに比べれば日本の家族関係社会支出ははるかに低いため、出生率に与える影響も小さなものになるかもしれない。つまり、現金給付を1％あるいは356億円増やしても、出生率はあまり上がらないのかもしれない。そうであるならば、ドイツ同様、現金給付よりも保育所整備のほうが少子化対策として有効性が高いことになる。もちろん、この議論は予想にすぎないため、今後の実証研究で現金給付に対する出生率の弾力性を測る必要がある。

これに加え、現金給付と保育所整備といった政策は女性就業に影響を及ぼすと思われるが、それを通じた税収の変化も考慮に入れる必要がある。さらに、政策効果は地域によって異なるが、どの地域で保育所整備を行うかによってかかる費用も変化するため、そうした地域差の問題も考慮に入れなければならない。本格的な費用対効果分析からは政策上有益な情報が得られる一方、こうした点もふまえなければならず、実際に行うのは簡単ではない。

■ ノルウェー

ノルウェーにおける1973〜1998年にかけての保育所定員率の上昇が出生率に及ぼした影響を分析した結果によれば[18]、保育所定員率がゼロから60%まで引き上げられた結果、女性1人当たりの出生数が0.5〜0.7増えた。上の2つの研究と比較しやすいように保育所定員率10%ポイントの上昇で評価すると、女性1000人当たりの出生率が83〜117人増えたことになる。

5.2 保育料金引き下げの効果

■ スウェーデン

ここでは保育料金引き下げの効果について、まずは2002年にスウェーデンで行われた改革からみていこう[19]。この改革は、子育て費用を平均で11万1000クローナ（約127万円）引き下げたが、これは子どものいない夫婦の世帯収入のおよそ4分の1に当たる。

分析結果によると、この改革により、子どものいない夫婦については2000年の出生率は9.8%上昇したことがわかったが、それ以降の年では効果がみられなかった。実際に料金が引き下げられた時期より早い2000年の出生率が反応した理由として、この政策変更が選挙公約に掲げられていたためだとしている。また、すでに子どもがいる家庭については、改革の恩恵を受けるために第2子をもうけるタイミングが遅らされたようにもみえるが、全体的な出生率が上がってはいない。全体として大きな効果がみられなかったのは、スウェーデンはもともと出生率が高めであることによるのかもしれない。

5.3 家庭保育支援金の効果

■ 旧東ドイツ・チューリンゲン州

次に、旧東ドイツ地域のチューリンゲン州で導入された家庭保

育支援金の効果をみてみよう[20]。この論文の著者らによれば、この政策は家計の購買力を下げることなく、保育所の料金が、家庭保育に比べて相対的に高くなったことに等しい。この研究の主眼は、保育所利用が母親の就業と子どもの発達に及ぼした影響の評価だが、出生率に対する影響も検証されている。分析の結果、平均的にはこの政策は出生率に影響しなかったとされている。より補助金が多くもらえる子どもの多い（2人以上）世帯についてみると、やや効果は強いが、子ども1人の世帯ではマイナスになっており、あまりはっきりした結果は出ていないといえるだろう。

 **6 おわりに**

この章では、保育政策が出生率に及ぼす影響についての理論研究と実証研究の概要を紹介した。これらのなかでも、旧西ドイツ地域の保育改革を分析した研究[21]は、政策効果を識別するための研究デザインが優れており、有益な知見を提供してくれている。差の差分析が説得力を持つのは、短期間に大きな変化が生じた場合であるが、この旧西ドイツ地域の事例はその点が当てはまる。一方、26年もの長期にわたるノルウェーの保育所定員率の変化に着目した研究[22]では、長期間に及ぶ変動を識別に利用しているため、同期間の別のさまざまな政策や社会的な変化の影響と区別して因果関係を見いだすことが難しい。ひょっとしたら、こうした事情から、分析で得られた政策効果が過大なものになってしまっている可能性があるので、解釈には注意が必要だ。

日本でも劇的な変化が起こったわけではないため明瞭な結果を得るのは難しいが、日本の2000年代の保育所整備の進展に着目した研究[23]では、特に保育所を必要としているような家族の多い地域では、出生率をある程度引き上げることを示唆する結果が得

られている。旧西ドイツ地域を対象とした研究とあわせて考えると、保育所がそもそも利用できていないような状況においては、保育所の整備が出生率引き上げに一定の効果を持つ可能性が高い。

一方、すでに保育所が利用できていたスウェーデンや旧東ドイツ地域などでは、保育料金の引き下げや家庭保育支援金の給付を行っても、それほどはっきりした効果がみられるわけではないことも明らかになった。

◈ 数学補論：保育政策と出生行動の理論モデル

この補論では、本章3節（50頁）で紹介した理論モデルの詳細を解説する[24]。その主眼は、家族の出生に関する意思決定モデルを示し、保育政策が及ぼす影響を分析することだ。家計は消費財 c と子ども n 人を持つことから効用を得るものとし、その効用関数は以下のように特定化する。γ は子どもへの選好を表すパラメーターである。

$$u = \gamma \ln n + (1-\gamma) \ln c$$

この家計において、夫婦とも1単位の時間を持っているが、男性はそのすべての時間を労働市場での仕事に費やす一方、女性は時間 $z \in [0,1]$ を子育てに使い、時間 $1-z$ を市場労働に使う。男性と女性の賃金はそれぞれ w_m と w_f とする。育てられる子どもの数は子育て時間に比例するものとし、$n = \alpha z, \alpha > 0$ と書く。消費財を基準財とすると、家計の予算制約は以下のように与えられる。

$$c = w_m + w_f(1-z)$$

この予算制約のもとでの効用最大化問題を解くと、子どもに対する需要関数が次のような形で導出される。

$$n = \frac{\alpha \gamma (w_m + w_f)}{w_f}$$

これを女性の賃金で微分すると、

$$\frac{\partial n}{\partial w_f} = \frac{-\alpha \gamma w_m}{w_f^2} < 0$$

であるから、女性の賃金が上がるほど、子どもに対する需要が下がることがわかる。

ここに家庭外の保育サービス x を導入しよう（待機児童解消の政策）。育てられる子どもの数は、母親による保育時間 z と保育サービス x の両者で決まり、以下のように定式化する。

$$n = f(z, x)$$

ここで、f は1次同次で連続微分可能かつ強い意味の準凹関数とする。この設定のもとでの予算制約は、

$$c + x = w_m + w_f(1-z)$$

となる。

子どもの数が所与のもとで、子育て費用を最小化する問題を以下のように定式化する。

$$\min C = w_f z + x$$
$$\text{s.t. } n = f(z, x)$$

この問題を解くと、費用関数 C が導出される。ここで、子ども1人当たりの単位費用関数を $p(w_f) = C/n$ と書く。同時に、子育て時間 z と保育サービス購入量 x も決定するが、それらは以下のように与えられる。

$$z^* = \hat{z}(w_f)n, \quad x^* = \hat{x}(w_f)n$$

ここで、$\hat{z}$ は単位費用関数を女性賃金で微分することで与えられる。つまり、

$$\frac{\partial p(w_f)}{\partial w_f} = \hat{z}$$

である。そして、$\hat{x}$ は子ども 1 人当たりに必要な保育サービス量である。

ここまでの議論をふまえると、家計の効用最大化問題は次のように定式化できる。

$$\max \gamma \ln n + (1-\gamma) \ln c = u$$
$$\text{s.t. } p(w_f) n + c = w_m + w_f$$

この問題を解くと、子どもに対する需要関数が導出され、次のように与えられる。

$$n^* = \frac{\gamma(w_m + w_f)}{p(w_f)}$$

これを女性賃金で微分して、女性賃金と出生率の関係を調べてみよう。

$$\frac{\partial n^*}{\partial w_f} = \frac{\gamma p - \gamma(w_m + w_f)\hat{z}}{p^2}$$

ここでは、$\hat{z} = \partial p / \partial w_f$ であることをふまえている。そして、すでに上で述べた関係より、$\hat{z} = z^*/n$ と $\gamma(w_m + w_f) = n^* p$ を代入すると、この式は以下のように書きかえられる。

$$\frac{\partial n^*}{\partial w_f} = \frac{\gamma p - p z^*}{p^2} = \frac{\gamma - z^*}{p} \gtrless 0$$

つまり、（子どもに対する選好 γ に比べて）必要な子育て時間 z^* が十分に小さくなれば、女性賃金が高くなるほど、子どもに対する需要も高まる。また、$z^* > \gamma$ であったとしても、保育サービスの必要量 $\hat{x}$ が大きい場合には z^* も小さくなるので、女性賃金と出生率の負の関係は弱いものにとどまる。

この論点をさらに定式化するために、保育サービス 1 単位に対して

補助金 σ が支払われるものとする。このとき、子ども1人当たりの単位費用関数は $p(w_f, \sigma)$ で表され、

$$\frac{\partial p(w_f, \sigma)}{\partial \sigma} = -\hat{x}$$

となる。先ほど同様に家計の効用最大化問題を解くと、子どもに対する需要関数が得られる。

$$n^* = \frac{\gamma(w_f + w_m)}{p(w_f, \sigma)}$$

これを保育サービスに対する補助金 σ で微分すると正になるので、保育料金の低下は出生率を上げることがわかる。

🖝 注

1 ）Bauernschuster, Hener and Rainer（2016）.

2 ）Fukai（2017）.

3 ）Rindfuss et al.（2007, 2010）.

4 ）Mörk, Sjögren and Svaleryd（2013）.

5 ）Gathmann and Sass（2018）.

6 ）Apps and Rees（2004）.

7 ）Gathmann and Sass（2018）.

8 ）Bauernschuster, Hener and Rainer（2016）.

9 ）Fukai（2017）.

10）Rindfuss et al.（2010）.

11）Mörk, Sjögren and Svaleryd（2013）.

12）Bauernschuster, Hener and Rainer（2016）.

13）Gauthier and Hatzius（1997）.

14）Fukai（2017）.

15）厚生労働省「社会福祉施設等調査」。

16）総務省統計局「人口推計」。

17）財政制度等審議会「『経済・財政再生計画』の着実な実施に向けた建議　参考資料」平成29年5月25日。

18）Rindfuss et al.（2010）.
19）Mörk, Sjögren and Svaleryd（2013）.
20）Gathmann and Sass（2018）.
21）Bauernschuster, Hener and Rainer（2016）.
22）Rindfuss et al.（2010）.
23）Fukai（2017）.
24）Apps and Rees（2004）.

第4章

少子化対策のカギはジェンダーの視点？

1 はじめに

　第2、3章では、現金給付政策、育休政策、そして保育政策といった子育て支援のための政策が出生率に及ぼす影響について理論的・実証的に論じてきた。分析のしやすさのために、1つひとつの政策を個別に取り上げて評価することが多いが、どの政策がより費用対効果が大きいのか、異なる政策をどのようにパッケージとして組み合わせると有効なのかといった点についてはそれほど明らかになっていない。

　この章では、そうした疑問に答えるうえで有効な視点を提供してくれる研究を紹介したい。カギとなるのは、**ジェンダー平等**という考え方だ。国際比較を行うと、出生率と強い関係を持つ重要な変数として、ここまで着目してきた家族関係社会支出だけでなく、「男性の家事・育児参加」がある。

　やや古いデータになるが、図4.1は縦軸に2000年の合計特殊出生率を、横軸に男性が行った家事・育児の割合をとっている。男性の家事割合は女性側が評価したもので、2002年の「国際社会調査プログラム（International Social Survey Programme：ISSP）」から得られた数字だ。この統計によると、どの国においても、家事・育児を行うのは女性が中心のようだ。スウェーデン、フィンランド、ノルウェー、デンマークといった北欧諸国とアメリカでは男

図4.1　男性の家事・育児負担割合が高い国ほど出生率も高い

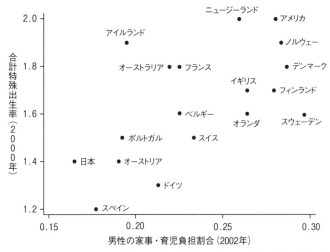

（注）合計特殊出生率は国連「UNdata」、女性が評価した男性の家事・育児負担割合は「国際社会調査プログラム」2002年調査より。
（出所）Feyrer, Sacerdote and Stern（2008）、Figure 5より。

性の家事・育児負担割合は相対的には高いものの、その水準は30%弱にすぎない。一方、日本の男性の家事・育児負担割合は調査対象国中の最低水準で17%ほどだ。

　このグラフで重要な点は、男性の家事・育児負担割合が高い国ほど、出生率も高くなっているということだ。もちろん、こうした正の相関関係が必ずしも因果関係を示しているわけではない。出生率が高く、家庭に子どもが多いから結果的に男性の家事・育児負担割合が増えたのかもしれない。あるいは、その国や地域に固有の家族観やジェンダー観が2つの変数に同時に影響を及ぼしているのかもしれない。したがって、政策などで男性の家事・育児負担割合を増やすように誘導したとしても、それが出生率の引き上げにつながるかどうかは明らかではないため、解釈には注意

が必要だ。図4.1に示されるような相関関係自体は広く知られていたものの、それをどのように解釈すべきなのかは明らかではない。

　以下ではまず、このデータが示す関係を検証するための経済理論を紹介する。そのうえで、出生率の引き上げにつながるより効果的な政策が何かを、実証分析の結果をふまえて検討する。

2　経済学で考える夫婦間の意思決定

　この節では、男性の家事・育児負担と出生率の正の相関関係の背景を分析した経済理論を紹介する[1]。ここでは直観的に理論の概要を説明することにして、詳細は章末の数学補論（73頁）を参照してほしい。

　この研究では、夫婦間の交渉モデルをつくり、両者がどのように子どもを持つことに合意するかについての分析が行われている。ここでカギとなるのは、夫婦で将来の家事負担について約束しても、それが守られるとは限らないという点だ。これから子どもを持つかどうかを夫婦が話し合っている場面を想像してほしい。夫は子どもがほしいが、妻は自分に家事や子育て負担が集中しそうなので子どもを持ちたくないと考えている。このような場面では、夫は子どもが生まれたら自分が家事や子育てを積極的に行うと約束することで、妻を翻意させようとするだろう。この約束が守られると妻が信用すれば、妻は子どもを持つことに合意するだろう。しかし、この約束が将来守られることを客観的な形で担保することはできない（経済学では、**コミットメントの欠如**という）。もちろん、夫婦間の信頼関係に基づいて約束を信じてもらうことはできるかもしれないが、間違いなく約束が守られると妻に確信させることは、一般的にはかなり難しいだろう。すると、結局この夫

婦は妻の反対により子どもをもうけない。

　そして、この認識は政策上重要な含意を持つ。前章までに紹介した経済理論は、子どもを持つことの費用を下げるような政策は、出生率引き上げに効果があることを示していたものの、そこで考慮されていたのは夫婦全体での費用と便益の比較であり、誰が実際に費用を負担するのかといった視点は欠けていた。仮に夫婦間で交渉が行われて、将来の家事負担などについて合意できるのであれば、この点は問題にならない。しかし、将来の家事負担について約束ができないならば、誰が子育ての負担を引き受けるのかといった男女間の分配がきわめて重要になってくる。これは家庭内において男女平等化が進むことが、少子化対策として有効でありうることを示しているのだ。

　この理論は、「世代間とジェンダーにおける諸問題についての研究プログラム（Generations and Gender Programme：GGP）」から得られたデータをもちいた記述的分析から出発している。この調査では19のヨーロッパの国々の大人を対象とし、家族間関係に着目したパネルデータを作成している。

　この研究が最初に注目したのは、夫と妻のそれぞれについて、いま子どもを持ちたいと思っているかどうかに対する回答だ。彼らの主な発見は3つある。1つ目は、夫婦間で子どもを持つかどうかについて意見の一致がみられないことはめずらしくなく、25〜50％の夫婦がそれに当てはまることだ。2つ目は、妻が子どもを持ちたくないと思っているケースのほうが、その逆よりも多いこと。そして3つ目は、妻が子どもを持ちたくないと思っていることが多い国ほど、出生率が低い点だ。実際、こうした意見の不一致がみられる夫婦は、そうでない夫婦と比べて、その後の出生率が低いことも明らかにしている。

　次に注目した変数は、夫の子育て負担割合だ。子育てについて

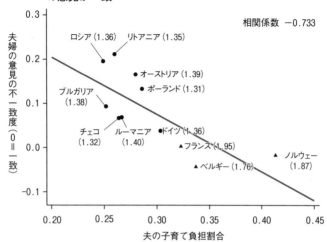

図4.2 男性の子育て参加が進む国ほど、出産についての夫婦間の意見が一致

相関係数 −0.733

縦軸：夫婦の意見の不一致度（0＝一致）
横軸：夫の子育て負担割合

ロシア (1.36)
リトアニア (1.35)
オーストリア (1.39)
ポーランド (1.31)
ブルガリア (1.38)
チェコ (1.32)
ルーマニア (1.40)
ドイツ (1.36)
フランス (1.95)
ベルギー (1.76)
ノルウェー (1.87)

（注）データは「世代間とジェンダーにおける諸問題についての研究プログラム」より。カッコ内の数字は合計特殊出生率（2000〜2010年の平均）。サンプルは15歳未満の子どもを1人以上持つ夫婦に限定。縦軸の数字が正であれば妻が、負であれば夫が子どもを持ちたくないと考えていることを意味している。夫婦間の意見が一致している場合、この値はゼロである。
（出所）Doepke and Kindermann（2019）、Figure 2より。

のさまざまな質問から、夫の子育て負担割合の平均を国ごとに計算している。そして、意見の不一致の指標として、妻だけが子どもを持ちたくないと答えた割合から、夫だけが子どもを持ちたくないと答えた割合を引いた値を国ごとにもちいている。図4.2に示したように、これらの変数を国ごとにつくると両者が負の相関をしていることがわかった。こうした結果は、横軸に労働時間の男女差をとった場合でも成り立つ。つまり、子育てや労働市場における男女平等が進んでいる国ほど、子どもを持つことについての夫婦間の意見の一致がみられるのだ。そして、そうした意見の一致がある国ほど出生率が高いというのが、この研究で行われた

記述的分析の要点だ。

3 実証分析が示すより効果的な少子化対策

　前の節で紹介した理論の肝は、家庭が負担する子育て費用の総額だけでなく、夫と妻がどのような割合で費用を負担するのかが出生行動に影響を与えることを理論的に示した点だ。つまり、単に子育て費用を引き下げるだけでなく、妻の負担軽減に焦点を当てた政策が、出生率の引き上げに特に効果的であるということだ。しばしば目にする、「ジェンダー平等は出生率向上につながる」という言説に、経済学的な裏づけを与えたともいえる。そうした観点から考えると、児童手当や子育て世帯に対する税制優遇措置は、妻の負担軽減に焦点を当てていないため、出生率の向上に十分な効果が発揮できないと考えられる。一方、育児休業政策や保育に対する補助金等は、女性の子育て負担の軽減に特に効果的であると考えられるため、同じ費用のもとでも効果的な政策になると予想される。

　それではこうした理論的予測は、どの程度実証的に支持されるのだろうか。出生率の引き上げという目標を掲げている政策にはさまざまなものがあるが、複数の政策を同時に評価して、実証的に優劣をつけるというのはなかなか難しい。

　1つのやり方は、国際パネルデータに基づいた分析を行うというものである。国によって、政策導入のタイミングや介入の強さが異なることを利用し、政策が出生率に及ぼす影響を評価するというものだ。これは**差の差分析（DID）**の応用とみなすことができる[2]。

　ここでは、国際パネルデータを利用して、異なる家族政策の効果を評価した研究を紹介[3]しよう（推定結果の詳細は本章末73頁の

付表を参照)。分析によると、育児休業期間そのものは出生率にほとんど影響がない。一方で、その給付金が支払われる期間は出生率引き上げに小さいながらも影響がある。最も大きな効果があるのは保育と幼児教育への財政支出だ。対 GDP 比で 1 ％ポイント増えると、出生率（女性 1 人当たり子ども数）は0.27上昇する。

　ここまでこの本で取り上げてきたような、一国内での制度変更を利用して政策効果を識別する研究では、厳密な形で異なる政策を比較することは難しい。しかし、前の章で紹介したように、ドイツの保育所整備の費用対効果について、現金給付と比較する形で概算を行った研究[4]がある。それによると、保育所整備は現金給付より 5 倍も大きな効果を上げるそうだ。もちろん、これは非常にざっくりした試算にすぎないが、かなり大きな違いなので、女性の子育て負担軽減に直接効果がある保育所整備が有効であるという議論を支持しているといえるだろう。

4　おわりに

　第 1 部ではさまざまな少子化対策を取り上げ、個別にその政策効果を論じてきたが、この章では、効果的な少子化対策の実施にはジェンダー平等の視点が必要であることを示した理論的な研究と、関連する実証研究の結果を示した。異なる政策を 1 つの実証研究で比較することが難しいため、現時点ではどの政策が他の政策よりも優れているのかは必ずしも明らかではない。今後は、そうした政策研究の積み重ねが必要となるだろう。

付表　家族政策が出生率に及ぼす影響の推定結果

	出生率	
育休期間の 最大週数	0.002 (0.001)	−0.001 (0.001)
育休期間の 最大週数の 2 乗	0.001 (0.001)	0.001 (0.001)
有給の育休期間 の割合		0.002 (0.000)
育休給付金の 所得代替率		0.000 (0.000)
保育・幼児教育 （％、対 GDP 比）		0.270 (0.024)
定数項	2.810 (0.117)	1.753 (0.057)
R^2	0.718	0.692
従属変数の平均	1.9	1.7
観測数	1325	806
サンプル期間	1970〜 2014年	1970〜 2010年
国数	30	22

（注）カッコ内は標準誤差である。
（出所）Olivetti and Petrongolo（2017）、Table 3より。

🎓 数学補論：夫婦間の家事・育児負担と出生選択の理論モデル

　この補論では、本章2節（68頁）で紹介した夫婦の家事・育児負担と子どもを持つかどうかの意思決定をとらえた理論モデル[5]の詳細について解説する。まだ子どものいない夫婦が、これから子どもを持つかどうかについて検討しているものとしよう。夫も妻も働いているものとし、夫の労働所得は w_m で、妻の労働所得は w_f である。以下、夫についての変数には添字 m、妻についての変数には添字 f をつける。

子どもを持つことでかかる費用は ϕ である。ここでは単純化のため子育て時間は考慮しないが、議論の結果には影響しない。夫の個人の効用は以下のように与えられる。

$$u_m(c_m, b) = c_m + bv_m$$

ここで c_m は夫個人の消費で、b は子どもがいれば 1、いなければ 0 をとる 2 値変数であり、最後の v_m は夫が子どもを持つことから得る効用である。妻についても同様の個人の効用関数が定義される。

　夫婦がともに暮らすことのメリットの 1 つには、規模の経済がある。たとえば、アパートを 2 室別々に借りるよりも、大きめの部屋を 1 室借りて一緒に住むほうが家賃を節約できるというようなことだ。ここでは、夫婦がともに暮らすことで 2 人の実質的な所得が増えるものとしよう。この場合の予算制約は次のように与えられる。

$$c_m + c_f = (1+\alpha)(w_f + w_m - \phi b)$$

ここで α は正の定数で、共同生活により所得が増えることを表している。

　夫婦は子どもを持つかどうかと、個人の消費量を決めるわけだが、それらは以下で説明するナッシュ交渉解によって与えられるものとする。ナッシュ交渉解は以下の 4 つの公理を満たす。

(1) パレート最適性
(2) 対称性
(3) 線形変換からの独立性
(4) 無関係な選択肢からの独立性

いまの問題で最も重要な点は、ナッシュ交渉解として得られた子どもを持つかどうかの選択 b と個人消費 c_m、c_f はパレート最適だということだ（それ以外の公理についての議論などの詳細は、ゲーム理論の教科書[6]を参照）。ナッシュは、これら公理を満たす解は、以下の最大化問題の解と一致することを示した。これが**ナッシュ交渉解**とよばれ

るものだ。

$$\max_{b,\,c_m,\,c_f} \{u_m(c_m,b) - u_m(w_m,0)\}\{u_f(c_f,b) - u_f(w_f,0)\}$$

ここで、$u_m(w_m,0)$ と $u_f(w_f,0)$ は交渉決裂時の夫と妻の効用であり、具体的には離婚した場合の効用である。

　意思決定は次のような順番で行われる。はじめに、子どもを持つかどうかを選択する。この結果を所与として、次に、個人の消費量を決める。この問題の解を得るにあたって、以下では、2つの場合について考える。1つ目は、将来についての約束が可能な場合、つまりコミットメントがある場合だ。2つ目は、約束ができない、あるいは約束が信用されない、つまりコミットメントのない場合だ。

　まずは将来の約束が可能な場合について考えてみよう。この場合のナッシュ交渉解によると、子どもを持つのは以下の条件が満たされたときだ。

$$v_m + v_f \geq \phi(1+\alpha)$$

これは、子どもを持つことで得られる夫婦それぞれの効用を合わせたものが、その費用を上回っていることを意味している。このときの夫婦各人の効用は、いずれも子どもを持たなかった場合の効用よりも高くなっている。つまり、子どもを持つか持たないかについて、夫婦の意見は一致することになる。

　夫婦の意見が一致するのは、2期目の消費についての約束が可能であるためだ。ある消費配分のもとでは、夫は子どもを持ちたいが、妻は子どもを持ちたくないと考えているとしよう。この場合、夫が自分の消費を減らして妻に譲ることで、子どもを持つ場合の妻の効用を引き上げることができる。そして、上の不等式で示した条件が満たされる限り、こうした交渉を通じて、夫婦の意見を一致させることができる。

　次に将来の約束ができない、あるいは守ると信用することができない場合について考えてみよう。この場合では、1期目に子どもを持つと決めたかどうかによって、2期目の交渉決裂時の利得が異なる。子どもを持たない場合の利得は先ほどと同様 w_m と w_f である。子どもを

持つ場合については、子育て費用を分担するため、夫の利得は $w_m + v_m - \chi_m \phi$、妻の利得は $w_f + v_f - \chi_f \phi$ とする。ここで χ_m、χ_f は夫婦の子育て費用の負担率を示すパラメーターであり、$\chi_m + \chi_f = 1$ である。この負担の割合は外生的に決められるが、社会における規範やジェンダー意識が大きく影響し、一般的には女性の負担が大きいと考えられる。

この設定のもとでは、以下の条件が満たされるときに、夫は子どもを持ちたいと思う（つまり、子どもを持つほうが効用が高くなる）ことが示せる。

$$v_m \geq \left(\chi_m + \frac{\alpha}{2} \right) \phi$$

妻についても同様の議論が成り立ち、子どもを持ちたいと思うのは以下の条件が満たされる場合である。

$$v_f \geq \left(\chi_f + \frac{\alpha}{2} \right) \phi$$

そして、外生的に与えられる v_m、v_f、χ_m、χ_f の値によって、これら2つの条件がどちらも満たされる、どちらも満たされない、あるいはどちらか一方だけが満たされることが起こりうる。そして、子どもが生まれるのは両者が合意した場合だけ、つまり上の2つの条件が同時に満たされる場合だけである。

このモデルで現金給付政策を解釈すると、子育て費用総額 ϕ を引き下げるような政策であるとみなすことができる。一方、保育政策は、子育て費用 ϕ を下げるとともに、女性の負担割合を引き下げるため、χ_f を下げ、χ_m を上げるような政策にあたる。子育て費用総額だけでなく、夫婦間での負担割合にも注目しているのがポイントだ。

☞ 注

1）Doepke and Kindermann（2019）.

2）このアプローチの利点は、複数の政策を1つの枠組みのなかで分析でき

ることと、政策の一般均衡効果も含めたうえで評価できることにある。一方で、識別に必要な平行トレンドの仮定の検証も容易ではないため、前章までに紹介した分析に比べると、推定値がバイアスを含んでいる可能性が高くなってしまうという欠点がある。また、国際比較可能な政策変数に注目するということは、国ごとの細かい制度の違いは捨象されることを意味する点にも注意が必要だ。

3）Olivetti and Petrongolo（2017）.

4）Bauernschuster, Hener and Rainer（2016）.

5）Doepke and Kindermann（2019）.

6）たとえば、入門レベルとしては渡辺（2008）や岡田（2014）が、大学院レベルとしては岡田（2011）や Osborne and Rubinstein（1994）がある。

第 **2** 部

●

子育て支援は
次世代への投資

第 5 章

育休政策は子どもを伸ばす？

1 はじめに

　第 1 部で述べたように、少子化対策を目的として、政府はさまざまな子育て支援のための政策を講じてきた。これらの政策のあり方は、親だけでなく子どもたちに対しても大きな影響を及ぼしうる。子育て支援の政策は子どもの発達を助け、**次世代を担う人々に対する投資**としての性質を持ち合わせているのだ。そこで、この章からはじまる第 2 部では、育児休業（育休）制度や保育政策が子どもの発達をどのように育むかについて考えていこう。

　この章では、育休制度が母親の就業行動や所得の変化を通じて、子どもの発達に及ぼす影響について解説する。子どもの発達に関係する家族政策となると、保育政策や幼児教育が真っ先に思いつくが、育休制度もその 1 つだ。いずれも母親の就業をうながし、子どもの健全な発達に寄与し、さらには出生率の向上を目指しているという点では一致している。また、育休制度は子どもが誕生してから数カ月あるいは 1 年程度を主な対象期間としているのに対し、保育制度は育休終了後に幼い子どもが就学するまでの期間を主な対象としており、子育て支援の政策という意味で両者は補完的である。したがって、保育制度と育休制度の役割を経済理論に基づいて理解し、各々の政策効果を検証することは、「より充実した子育て支援」という政策パッケージの構築に役立つはずだ。

以下では、まず世界の育休制度を簡単に紹介する。そのうえで、なぜ育休を制度として公的に整備する必要があるのか、子どもの発達にどんな影響を及ぼすのかを経済理論に基づいて整理する。そして、それをふまえて、育休制度の効果を分析するための実証分析の基本的な考え方と各国の分析結果を紹介する。

2　世界各国の育休制度

　育休制度の二本柱は、「雇用保障」と「給付金」だ。**雇用保障**があるということは、育休をとってもそれが理由でクビになったり、給料を下げられたりといった不利な扱いを受けないということである。もちろん、実態がこのとおりにはなっていないという懸念はつきまとうが、制度の趣旨としては育休取得者の立場は保護されている。もう1つの柱である**給付金**は、育休前の勤務状況と所得に応じて受け取れるお金のことである。給付金は公的雇用保険から支払われているため、育休取得による給付金の支払いが雇用主の経営を圧迫するということはない。このほかにも、社会保険料の減免や、育休取得を促進するための企業向け補助金等が用意されている国もある。

　育休制度そのものは、ほとんどの先進国で取り入れられているが、その手厚さは国によって大きく異なる。図5.1は育休（厳密には、産前産後休暇も含まれている）による雇用保障の期間（週数）をいくつかの国々について示したものだ。一番短いのはアメリカで、わずか12週にすぎない。一方、ヨーロッパでは育休期間が長い傾向にあり、フランス、ドイツ、フィンランドといった国々では3年近くにもわたる。日本は、韓国、カナダ、オーストラリアといった国々とほぼ同水準で、原則として子どもが1歳に達するまで育休をとることができる。なお日本では、保育所が利用でき

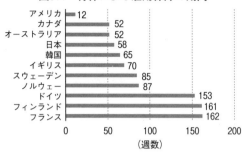

図5.1 育休による雇用保障の期間

国	週数
アメリカ	12
カナダ	52
オーストラリア	52
日本	58
韓国	65
イギリス	70
スウェーデン	85
ノルウェー	87
ドイツ	153
フィンランド	161
フランス	162

(週数)

（出所）OECD Family Database より。

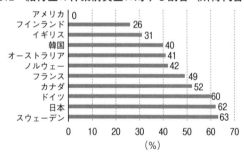

図5.2 給付金の休業前賃金に対する割合（所得代替率）

国	(%)
アメリカ	0
フインランド	26
イギリス	31
韓国	40
オーストラリア	41
ノルウェー	42
フランス	49
カナダ	52
ドイツ	60
日本	62
スウェーデン	63

(%)

（出所）図5.1と同じ。

ないなどのやむをえない事情がある場合、最大2歳まで延長することができる。

　図5.2は育休期間中に受け取れる給付金を示したものだが、金額そのものではなく、フルタイムで働いた場合の年間の労働所得に対する割合で表しており、しばしば**所得代替率**[1]とよばれる。アメリカではカリフォルニア州などの一部を除き、給付金は支払われない。大陸ヨーロッパは全般に手厚い育休制度を整えており、多くの国々で50〜60％程度の給付金が支払われているが、フィン

ランドは26％と低い。なおスペースの都合上このグラフには入れていないが、メキシコ、スペイン、ポーランドでは給付金の所得代替率が100％に達する。

3　経済学で考える育休制度の役割と効果

3.1　なぜ制度としての育休が必要なのか

　育休が労働者にとってメリットのあるものだったとしても、なぜそれを政府が制度化して、一律に企業に守らせる必要があるのだろうか。育休が労働者にとって魅力的なものであるならば、採用や従業員定着のために、企業は自発的に育休を整備するのではないだろうか。あるいは、育休を提供することで給料を少し低めに設定しても優秀な労働者を集められるなら、企業にとっても育休を整備することにはメリットがあるはずだ。労働者のなかにも、育休が整備されているなら、多少の給料減は問題にならず、魅力的に映るという人はいるだろう。したがって、政府が労働市場に介入して育休を法制化しなかったとしても、育休は福利厚生の一環として自発的に提供された可能性もあるはずだ。しかし実際には、ほとんどの先進国で1年以上にもわたる育休が法制化されている。なぜ、労働市場における企業と労働者の自由な意思決定に任せてはいけないのだろうか。

　経済学からの最も標準的だと思われる答えは、**情報の非対称性**から生じる**逆淘汰**（あるいは**逆選択**）の問題だ。労働者のなかには、育休制度があればぜひ利用したいと思っている人と、利用するつもりのない人の2種類が存在するものとしよう。さらに、労働者本人は自分が育休を使うつもりかどうかを知っているものの、企業側にはわからないものとする。もちろん、年齢や性別などから当たりをつけることはできるが、実際に誰が育休をとる予定な

のかを正確には知ることができない。企業は面接などで聞き出そうとするかもしれないが、労働者側からすれば本心を明かす必要もない。労働者は自身の育休利用意向を知っているが、企業は知らないという意味で、ここには情報の非対称性がある。

　こうした条件のもとで、企業が自発的に育休を提供するかどうかを考えてみよう。育休の提供には一定のコストがかかるので、ある程度給料を抑えなければいけないが、具体的にどの程度抑えるかを事前に決めておかなければならない。どの個人が実際に育休を取得するかはわからないため、世の中の平均的な育休取得意向から計算して、提示する給料の金額を決めることになるだろう。そのように決めた給料は、育休をとるつもりの人の目には魅力的なものに映るため、育休取得意向のある人をひきつけるだろう。一方、育休をとるつもりのない人からすれば、給料が減っている分だけ魅力を感じず、育休がない代わりに給料が高い企業を求めるだろう。結果的に、この企業には育休をとるつもりの人だけが集まってしまい、企業側からすると大きなコストを支払わされることになる。このため、他社との競争上不利な立場に置かれる。こうした仕組みが働くことが予想されるため、情報の非対称性がある環境においては、企業は育休を提供することに及び腰になってしまう。つまり、育休にメリットがあったとしても、企業の自発的な取り組みに任せていると、いつまでたっても育休は広まっていかないのだ。

　この問題を解決する１つの方法が、すべての企業に一律に育休を義務づけて、そのコストを広く労働市場全体で共有することだ。また、上で述べたように育休給付金の原資は社会保険料であるから、企業側だけでなく、労働者側も費用を負担しており、育休のコストを社会全体に薄く広くいきわたらせることで公平性にも配慮した制度設計になっている。

3.2 理論が予想する育休の効果

育休制度改革が子どもの発達に及ぼす効果を考えるうえでまず確認しておきたいのは、政策による**介入効果**とは何か、ということだ。話をわかりやすくするために、育休制度がある場合とない場合の2つのケースについて考えてみよう。この場合、「育休制度の効果」とは、育休制度がある場合の子どもの発達度合いと、育休制度がない場合の子どもの発達度合いの差である。育休制度があるならば、母親が自ら子どもを育てることが多くなるだろう。一方、育休制度がない場合、母親が就業する際には別の誰かが子どもの世話をすることになる。もし、質の高い保育が低価格で利用可能ならば、育休制度がない場合にも子どもには発達上望ましい環境が用意されることになる。データから得られる育休制度の効果とは、この2つの環境の差を反映したものになるが、保育の質が高ければ、家庭保育と比べて劣ることはないため、育休制度は子どもの発達には大きな差を生まないことになる。

一方、育休制度がない場合に、祖父母や特別な訓練を受けていないベビーシッターといった人が子どもの世話をする、あるいは十分な質が確保されていない保育所を利用するならば、それらの環境は子どもには発達上望ましいものではないかもしれない。この場合、育休があることで家庭保育が進めば、育休制度が子どもの発達に望ましい効果を持つ可能性が高い。

したがって、データから得られる育休制度改革の効果を解釈するうえで、その背後にある子どもの発達環境はどのようなものなのか、改革前後でそれらはどう変化したのかを考慮しなければならない。そうすることで異なる時代、異なる国々から得られた結果の違いを統一的に解釈することが可能になり、現代の日本における政策含意を適切に論じることができる。

では、発達心理学や医学なども含めた学術的な議論では、育休

制度は子どもの発達にどのような影響があると考えられてきたのだろうか。もともと育休制度は、生後1年くらいまでの子どもの発達に対して好ましい影響があると期待されてきた。その理由の1つは「母乳育児の促進」だ。母乳育児には乳児の健康面を改善するだけでなく、長期的な知能の発達や問題行動の減少にもつながると考える専門家は少なくない。実は、そうした期待を支持しないようなエビデンスが出てきているのだが、その点については拙著『「家族の幸せ」の経済学』で詳しく論じているため、ここでは深く立ち入らない。とはいえ、働きながら母乳育児を行うのは母親にとって大きな負担になるが、育休期間中であれば母乳育児が行いやすくなるため、育休制度を充実させることを通じて母乳育児を促進し、最終的には子どもの健全な発達につながるという議論がある。

もう1つの理由は心理学者ジョン・ボウルビィが提唱した「愛着理論」に基づくものだ。この理論によると、生まれてから最初の1年における母親、あるいは養育者と親密な関係を構築することが、子どもの認知能力や社会性を育むうえで重要な役割を果たしている。この理論にしたがえば、育休によって母子が一緒に過ごす時間を増やすことが、子どもの発達に寄与する可能性がある。

一方で、長すぎる育休は子どもの発達にとって悪影響を持つかもしれない。特に言語発達を考えると、子どもが育つにつれて、家族以外の子どもや大人と関わりを持つことが有益である可能性があるためだ。

4 政策評価の考え方

育休制度の評価で最もよく使われる手法は、第1部でも登場した**回帰不連続デザイン（RDD）**だ。育休制度の変更は、ある特定

図5.3　回帰不連続デザインによる育休改革の評価のイメージ

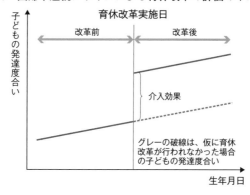

の日にちをもって一国全体で行われることが多く、制度変更前に出産した場合には旧制度が、制度変更後に出産した場合には新制度が、すべての人に一律に適用される。したがって、わずかな出産のタイミングの違いによって適用される育休制度が異なりうる。母親の学歴や年齢など、適用される育休制度以外の点について違いがなければ、新制度のもとで生まれた子どもと旧制度のもとで生まれた子どもを比較することで、育休制度改革の効果を知ることができる。

　図5.3は回帰不連続デザインで育休改革が子どもの発達に及ぼす影響を評価する際のイメージを示したものだ。縦軸には子どもの発達度合いをとる。ここには学力・心理テストの点数などが使われることが多いが、長期的な効果をみる場合には、大人になってからの所得や最終的な教育年数をとることもある。横軸は生年月日で、右に行くほど時間が進む。つまり、右に行くほど若い世代だ。グラフ中央の縦の線は育休改革の実施日を示している。この線よりも左側は改革実施前にあたり、右側は改革実施後にあたる。

このグラフは緩やかに右上がりの傾向を示しており、若い世代ほど、同じ年齢、たとえば5歳時点で測った場合の発達度合いが高いことを表している。もし若い世代ほど、より進んだ保育・教育技術のもとで育てられるならば、こうした右上がりの傾向が表れるだろう。また、仮に育休改革を行うことによって、子どもの発達に好ましい影響があるならば、改革後に生まれた子どもたちの発達度合いは、改革前に生まれた子どもたちに比べて高い傾向があるだろう。その場合、この図に示されているように、子どもの発達度合いのグラフが育休改革実施日を境にジャンプすることになる。このジャンプの幅こそが、「育休改革によってもたらされた子どもの発達度合いの変化」、つまり「介入効果」である。

　回帰不連続デザインを育休制度の評価に応用する際に気をつけなければいけないのは、出産の季節そのものが直接子どもの発達などに影響を及ぼす可能性がある点だ。回帰不連続デザインで育休制度変更の評価を行う場合、改革直前と直後で比較を行うことになるが、この「直前」と「直後」の幅の取り方によっては、両者の間で季節が異なってしまう。たとえば、インフルエンザ流行の有無などの影響で、生まれ月によって出生体重や出産までの妊娠期間の長さに違いが出ることを示した研究[2]がある。出生体重によって、その後の子どもの発達に違いが出ることはよく知られており[3]、育休の影響から季節効果をうまく取り除く必要がある。

▶ 5 実証分析が示す育休制度の効果

　ドイツでは大きな育休改革が3度行われたが、まずはそれらの効果を検証した研究[4]を紹介しよう。図5.4は、1979年に行われた2カ月から6カ月への延長の効果をみたものだ。ここでは縦軸には、29歳時点での教育年数をとっている。育休改革の前後で比

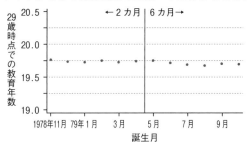

図5.4　ドイツにおける育休政策の効果：2カ月から6カ月に延長

（出所）Dustmann and Schönberg（2012）、fig.4より。

較すると、教育年数の変化はほぼみられず、育休改革の影響はなかったといえる。このほかにも、進学した高校の種類や、29歳時点での賃金、フルタイム雇用率などについても育休改革の影響を評価しているが、これらについても育休改革の影響はほとんどみられなかった。

　図5.5は、1986年に実施された6カ月から10カ月への育休延長の効果を検証したものだ。縦軸には大学進学を前提とした高校の卒業率、いわば進学高校卒業率をとっている。やはりここでも改革前後でのジャンプがみられず、育休改革の影響はみられなかったことがわかる。

　図5.6は1992年1月の育休改革で、育休期間が18カ月から36カ月に延長されたことの効果を検証したものだ。縦軸は、ここでも進学高校卒業率だ。この大幅な延長でも、グラフにはジャンプがみられず、改革の効果は確認できない。

　ここで指摘しておきたいのは、この研究は非常に大規模なデータを使っているため、かなり正確な結果が得られているという点だ。言いかえると、育休の効果が確認できなかったのは、データにノイズが多くて結論づけられなかったというよりも、効果のそ

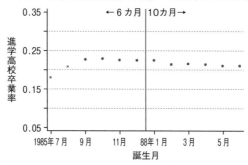

図5.5　ドイツにおける育休政策の効果：6カ月から10カ月に延長

（出所）Dustmann and Schönberg（2012）、fig.5より。

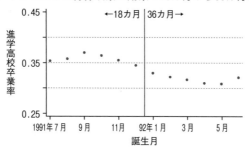

図5.6　ドイツにおける育休政策の効果：18カ月から36カ月に延長

（出所）Dustmann and Schönberg（2012）、fig.6より。

のものが小さかったためなのだ。したがって、育休政策が長期的な子どもの発達に及ぼす影響はないか、あったとしても、かなり小さいと結論づけられる。

　育休が、その期間の長短にかかわらず、子どもの長期的な発達にほとんど影響していなかったとする結果は、ドイツだけでない。スウェーデン[5]、デンマーク[6]、カナダ[7]、ノルウェー[8]、オーストリア[9]といった国々でも報告されている。いずれの研究でも、育休を取得せず働き続けた場合に利用する保育の質が一定水準を

満たしていたことが、育休の効果が見られなかったことの原因ではないかと推測されている。

　これに関連して気をつけるべきなのは、オーストリアを対象とした研究では、高学歴の母親が男児を育てる場合についてみた場合には育休延長が発達上有益であることが示されている点だ。その理由として、オーストリアでは保育所の整備が不十分だったことがあげられている。高学歴の母親の家庭育児は、当時のオーストリアの保育所よりも好ましい保育環境だったということだ。

　このほかに注目すべきなのは、育休が子どもの長期的な発達に寄与したことを発見した研究[10]である。ノルウェーでは1977年までは12週間の無給の育休をとることができたが、この年に行われた改革で、4カ月の給付金付き育休と12カ月の無給の育休取得が可能になった。この改革の結果、母子が一緒に過ごす時間が増え、最終的には高校中退率が2％ポイント低下し、30歳時点での労働所得が5％も上昇したことがわかった。図5.7の横軸には育休改革実施日からの日数を、縦軸には高校中退率をとっている。改革直後に生まれた子どもの高校中退率は急落しており、前後を比較した差は偶然では説明がつかないほどに大きい[11]。図5.8では縦軸に30歳時点での労働所得をとっている。高校中退率が減ったことを反映して、育休改革後に生まれた子どもたちが大人になってからの所得が増えていることがわかる。ここでも図5.7と同じく、改革前後の差が確かにみられる。

　このように、育休改革が子どもの発達に好ましい影響を及ぼした背景として、当時のノルウェーには2歳未満の子どもを対象とした保育所がなく、母親が働く場合には祖父母らによる育児に頼るしかなかったことが指摘されている。つまり、育休を取得することで、子どもの生育環境が改善されたと解釈されている。

　一方、長すぎる育休は子どもの発達にマイナスであることを指

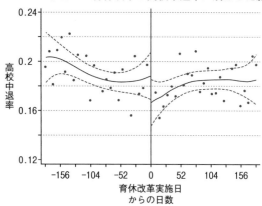

図5.7　ノルウェーの育休改革が高校中退率に及ぼした影響

（注）破線は95％信頼区間を示す。
（出所）Carneiro, Løken and Salvanes（2015）、fig.5より。

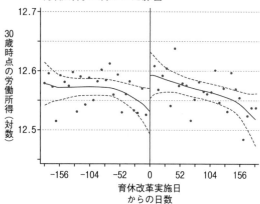

図5.8　ノルウェーの育休改革が30歳時点の（対数）労働所得に及ぼした影響

（注）破線は95％信頼区間を示す。
（出所）Carneiro, Løken and Salvanes（2015）、fig.5より。

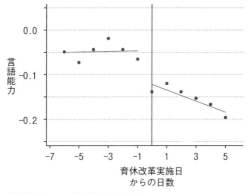

図5.9　フランスの育休改革が子どもの言語発達に及ぼした影響

（出所）Canaan（2019）、fig.6より。

摘した研究[12]もある。フランスにおける３年もの長期にわたる育休の影響を評価したところ、母子が一緒に過ごす時間が大幅に増えた結果、５〜６歳時点で評価した子どもの言語能力が低下したことがわかった。図5.9に示しているように、育休改革後に生まれた子どもたちの言語能力が、改革前に生まれた子どもたちと比べて急落している。この論文の著者は、１歳を過ぎた子どもの言語発達には家族以外の子どもや大人と関わりを持つことが重要だが、長期の育休を取得することで、そうした機会が失われたのではないかと指摘している。

　また、幼児期の子どもの健康に対する影響を評価した研究[13]では、カナダの育休の影響が検証され、幼児期の子どもの健康に対する影響は確認できなかった。一方で、育休改革の結果、母乳育児期間が伸びたことが明らかになったため、母乳育児には大きな健康促進効果がないのではないかという疑問が呈されている。スウェーデンの育休改革を分析した研究[14]でも、やはり幼児の健康への影響は確認できなかったと結論づけている。

6 おわりに

　この章では、世界各国の育休制度を概観したうえで、育休を法制化することの意義について経済学の理論に基づいて説明した。また、育休が子どもの発達に影響を及ぼすとされる理由を紹介し、さまざまな国々で行われた実証分析の結果について解説した。結果を解釈するうえで重要なのは、育休制度改革によって、子どもの発達環境がどのように変化したかという背景を考えることだ。

　多くの実証分析では、「育休制度の充実は必ずしも子どもの発達に対して影響しない」という結果が得られている。一方、育休期間が長期にわたる場合には悪影響となりうるということは政策上重要な知見といえるだろう。この点は第9章でも別の角度から考える。もちろん、保育所の質が低い場合には、育休制度を充実させることで家庭保育をうながし、子どもの発達環境の改善につながりうる。その場合には、最終的に子どもの発達を改善させることができるが、次の章でみるように日本の認可保育所の質は低くないため、現代の日本には当てはまるとは考えにくい。

▶ 注

1）英語では "replacement rate" という。
2）Currie and Schwandt（2013）.
3）Black, Devereux and Salvanes（2007）.
4）Dustmann and Schönberg（2012）.
5）Liu and Skans（2010）.
6）Rasmussen（2010）.
7）Baker and Milligan（2015）.
8）Dahl et al.（2016）.
9）Danzer and Lavy（2018）.

10）Carneiro, Løken and Salvanes（2015）.

11）つまり、統計学的に有意な差がみられたということだ。

12）Canaan（2019）.

13）Baker and Milligan（2008b）.

14）Liu and Skans（2010）.

第 6 章

幼児教育にはどんな効果が？

 1　はじめに

　保育政策の目的は少子化対策や母親の就業支援などがあげられることが多いが、子どもの発達を助けるための**幼児教育**としての役割も見逃せない。保育は、次世代を担う人々の知識や能力など、経済学で**人的資本**とよばれるものを向上させるための「投資」とみなすこともできるのだ。

　保育と幼児教育を重要な政策課題としてとらえたのは欧米が早かった。欧州連合（EU）では2000年代前半に、9割の子どもが幼児教育を受けられるようにすることを目標としており、アメリカでも、当時の大統領であるバラク・オバマ氏が4歳児向けの教育プログラムの推進を各州にうながしてきた。保育と幼児教育は、経済学の一大研究トピックであり、経済学者たちが直接政策にも貢献してきた。たとえば、この分野をリードするジェームズ・ヘックマンの一連の研究は、幼児教育がいかに子どもの人生を変えるかを明らかにし、オバマ政権の幼児教育政策を方向づけたことでも有名だ。

　幼児教育に対する政策的な取り組みは日本でも行われている。自民党を含むほとんどの政党は、2017年の衆議院議員総選挙で、保育を含む「幼児教育無償化」をマニフェストに掲げていた。その後、経済財政諮問会議で、「骨太の方針2018」に幼児教育の無

償化が取り上げられ、2019年10月から実施された。

　以下ではまず、子どもの発達について「人的資本」をキーワードに、経済学の理論に基づいて考えてみよう。そのうえで、保育はなぜ政府が介入すべき課題といえるのか、保育が子どもの発達にもたらす効果をどう考えればよいのかについて説明する。そして、こうした考え方をふまえて、国内外のさまざまな政策を評価した実証分析を紹介する。

2　経済学で考える子どもの発達

　幼児教育についてこれまでに何が明らかにされてきたのか。実証分析の結果をみていくための準備として、この問題を効率よく考えるための理論的な枠組みを定めておく。幼少期から始まり、一生涯の人的資本形成を考えるための枠組みだ。

　子どもの持つ「人的資本」には、頭のよさである**認知能力**はもちろん、自身の行動や感情をコントロールするための**非認知能力**、他者とのコミュニケーション能力、そして健康状態など、多様な人間の能力が含まれる。なかでも、非認知能力はかなり幅広い能力を指すため、文脈によって具体的に何を意味しているかが異なるが、主に**社会情緒的能力**や、性格・気質・態度とよばれるものを含む。より具体的には、心理学で**ビッグファイブ**とよばれる5大要素（開放性、統制性、外向性、協調性、精神安定性）や、忍耐力、リーダーシップ、自尊心などがあげられる。

　子どもの人的資本には、家庭環境、特に親の存在が大きく関わることが知られている。ここには、親の教育水準や知能指数（IQ）など、さまざまな要素が含まれている。そして、子どもに対する投資は、教育支出だけではなく、親が子どもの教育にかけた時間なども含んでいる。

ある時期における子どもの人的資本は、(1)すでに獲得した人的資本の量、(2)家庭環境、(3)子どもに対する投資の３つによって決まるものと考える。単純化しすぎだと思われるかもしれないが、ここには現在の研究で重視されている要素がコンパクトにまとめられている（詳細は、章末の数学補論〔119頁〕を参照）。

　両親が子どもに対してどのように投資を行うかは、親の選好や家計収入などの経済的条件に依存した形で決められる。ここでは、子どもに対する投資がどのように行われるかについては立ち入らず、子どもの人的資本形成がどのように進むのかについて、次の３点を指摘しておく。

　第１に、子どもの人的資本は一次元ではないということだ。経済学では認知能力が重視される傾向があったが、それとは独立に、非認知能力が所得に影響を与えるなど、よりよい人生を送るうえで助けになることが明らかにされている。非認知能力の重要性に着目し、明示的に分析に取り組んだ点が、それまでの人的資本モデルに比べて新しい。

　第２に、人的資本は、より新しい技能の獲得を助けるという意味で自己生産的である。また、非認知能力は、それ自体が社会において有用なだけでなく、認知能力を伸ばすうえでも助けになることが示されてきた。

　第３に、子どもの現在の人的資本と子どもへの投資は、新たな人的資本を生み出すうえで補完関係にある。ここからいえるのは、幼少期に認知能力と非認知能力をしっかり伸ばしておくと、青年期の教育という人的資本投資がより効果的になるということだ。これは逆にいうと、幼少期に認知・非認知能力をしっかり伸ばしておかないと、青年期にいくら教育投資をしても効果が出ないということを意味している。この点は、冒頭で触れたヘックマンの幼児教育政策に関する提言の根幹をなしている[1]。

3 保育には政策介入が必要だ

　幼児教育が子どもの人的資本形成上重要だったとしても、それだけでは政策介入が必要であることを意味しないし、公的資金による補助・無償化をただちに正当化するわけではない。ある種の前提条件を満たすもとで、「親が子どもの幸せを最大限に考えて子どもへの投資を行っていれば、個々の親の自由な選択は社会的にも望ましい結果をもたらす」というのが、経済学の理論的な帰結だ。これが当てはまる場合、政府が介入するとかえって社会的に非効率な結果を招いてしまう[2]。

　しかし、幼児教育を研究する経済学者のほとんどは、政府による介入や補助金は必要だと考えている。その主な理由は、以下の4つにまとめられる。

　第1に、幼児教育には正の外部性が存在することだ。第1章でもお話ししたように、**外部性**は、ある人の行動が直接、他人に影響を及ぼすことを指す。ある人の行動が市場価格の変化を通じて間接的に他人に影響を及ぼすことと区別し、市場の外部を通じた影響という意味で、外部生という言葉があてられている。この他人に及ぼす直接の影響が好ましいものであれば、「正の外部性」とよび、公害のように悪いものであれば「負の外部性」とよぶ。いずれの場合も、外部性を正すことは社会全体の利益につながることが示されている。

　後で述べるように、実証研究によって、幼児教育は成人後に犯罪に関与する確率を減らすことがわかっている。犯罪は負の外部性の代表例で、社会全体に大きなマイナスとなる。被害回復のための金銭的な費用はもとより、警察・司法活動にも大きな費用が必要となるためだ。

さらに、幼児教育を受けた人は、大量の飲酒や薬物の乱用を行うことが少なく、健康面でも優れている傾向がある。日本のように国民皆保険制度のある国では、健康な人が増えること自体が社会保障費の削減につながるため、社会全体の利益につながる。そして、幼児教育を受けることで、子どもの人的資本が向上し、将来の労働所得が上昇する結果、社会福祉を利用する人の割合が減り、税金をより多く納めるようになる。これもやはり、社会全体にとっての利益だ。これらはいずれも、幼児教育が正の外部性を持つことを示している。正の外部性があるということは、個々人の自由な意思決定に任せておくと、幼児教育は社会的に最適な水準よりも低いところにとどまってしまうことを意味している。したがって、政府が補助金を提供し、より積極的に幼児教育を推進することで、社会的に望ましい幼児教育水準を実現する必要がある。

　第2に、「借入制約」があるために十分な幼児教育を受けられないことがあるためだ。**借入制約**とは、何らかの理由でお金を借りることができない、あるいは借りられるとしても非常に高い金利が課されてしまうような状況を指している。幼児教育が子ども本人にとって有益で、将来所得を増やす効果があるといっても、将来の子どもの所得を担保に、現在の幼児教育の資金を借りることはまずできない。特に低所得の家庭では、十分な教育資金を用意できないことが多いため、質の高い幼児教育を受けさせることが将来の利益につながるとわかっていても、幼児教育を受けられない場合が少なくない。

　第3に、親が十分な情報を持っていない場合だ。経済的に貧しい家庭では、親が子育てについての知識を十分に持っていないことがめずらしくない。実際、アメリカの幼児教育プログラムには、子育てを助けるための親への指導が含まれていることが多い。正

しい情報がないために、子どもに必要な幼児教育を受けさせないということが起こるならば、それを何らかの形で正すことは理にかなっているだろう。

第4に、親が十分な情報を持っていたとしても、親が子どもの利益を考慮せずに幼児教育を受けるかどうか決めている場合だ。これは、親にとっての利益と、子どもにとっての利益が完全に一致していないために起こってしまうことだ。

ドイツの研究[3]によれば、移民など、社会経済的に恵まれていない家庭の子どもにとって、幼児教育は大きな効果を持つことがわかっているが、そうした家庭では、親の価値観や宗教的背景のために、子どもに幼児教育を受けさせようとはしない傾向があるそうだ。この場合でも、親への働きかけや、補助金の支払いといった形の介入によって、子どもが幼児教育を受けられるようにうながすことは、子ども自身の利益につながる。ただし、こうした介入は、家族の価値観に踏み込んだ、行き過ぎた干渉となりかねないので、実際に行うかどうか、どのように行うのかといった点については十分な注意と配慮が必要だ。

4 「保育の効果」を定義する

保育と幼児教育は、子どもの人的資本形成に効果があると述べてきたが、そもそも「幼児教育の効果」とは何だろうか。実証分析における幼児教育の**効果**とは、ある特定の幼児教育を受けた場合と受けなかった場合について、何らかの成果変数（例：IQ）を比較し、両者の差によって定義される。第5章の3.2項（85頁）では育休制度の効果について述べたが、それと同様の考え方だ。

これ自体は、**因果推論**とよばれる、因果関係を明らかにするための学問分野での基本的な考え方であるにもかかわらず、一般的

には十分に認識されていないことが多い。特に見落とされがちなのは、「分析対象とされている幼児教育プログラムを受けなかった子どもがどのような環境に置かれているか」ということである。

たとえば、保育所を幼児教育機関とみなして、保育所が子どもの発達に及ぼす影響を考えてみよう。保育所の効果は、「保育所を利用した場合と利用しなかった場合の子どもの発達度合いの差」である。分析上難しいのは、保育所を利用しなかった子どもがどのような環境に置かれていたかが、必ずしも明らかでない点である。

保育所を利用しない場合は、母親に育てられる子もいるだろうし、祖父母に保育される子どももいるだろう。また、3歳以上の子どもであれば幼稚園に通っている子どももいる。保育所に限らず、どういった環境に置かれているかによって、子どもの発達度合いは異なるはずだ。つまり、保育所を利用しなかった場合に子どもが置かれている環境によって、保育の効果が異なるのだ。

したがって、保育所を利用しなかった子どもがどのような環境で育つかを明らかにしない限り、得られた保育の効果の意味するところはまったくわからないのだが、この点はしばしばおざなりにされている。アメリカの幼児教育プログラムである「ヘッドスタート」の効果を検証した分析には、この点で問題を抱えたものが少なくなかった。ヘッドスタートはアメリカ全土で展開されている、低所得層向けの幼児教育プログラムだが、このプログラムから得られたデータを分析した研究のなかには、ヘッドスタートが認知能力に対しても、非認知能力に対しても効果がゼロであったと報告するものがあった。これはヘッドスタートに参加しなかった子どもたちがどのような環境で育ったのかを十分に考慮しなかったために起きた誤りである。

ヘッドスタートに参加しなかった子どもたちの多くは、州政府

の補助を受けた別の幼児教育プログラムに参加しており、家族・親戚やベビーシッターに育てられた子どもたちは少数派であった。こうした幼児教育プログラムでは、ヘッドスタートに負けない質が保たれていたため、両者の間で子どもの発達に差がみられないのは当然だ。したがって、この結果をもって「ヘッドスタートには効果がない」と結論づけるのは早計である。

　本来知りたいヘッドスタートの効果というのは、ヘッドスタートに参加した場合と、家族・親戚やベビーシッターに育てられた場合との差であるから、そうした比較が可能になるような形で分析のデザインを練らなければならない。この点を考慮した分析では、やはりヘッドスタートには一定の有効性があったとされている[4]。

　このように、分析結果を解釈する際には、分析対象とされているプログラムの内容や質だけでなく、プログラムに参加しなかった子どもが受けていた教育の内容と質まで考慮しなければならない。後者については明示的に議論されていない場合も少なくないが、その点に注意して分析結果を解釈する必要がある。

5　社会実験プログラムからの知見

5.1　プログラムの概要

　幼児教育の効果について、統計学的な意味で最も信頼性の高い結果を生み出しているのは、**ランダム化比較試験**（Randomized Controlled Trial：**RCT**）を行った、アメリカの複数の**社会実験プログラム**である。こうしたプログラムのなかで、おそらく最も有名なものはペリー幼児教育プロジェクト（Perry Preschool Project: PPP）だろうが、ほかにも**カロライナ幼児教育プロジェクト**（Carolina Abecedarian Project：ABC）、乳幼児健康発達プログラム

(Infant Health and Development Program)、早期訓練プロジェクト
(Early Training Project) などがある。

　これらのプログラムは教育施設に子どもを通わせる形で行われ、低所得家庭の子どもを対象としている。また、長期的な効果を分析するために必要な、子どもの複数の認知・非認知能力についても測定の対象としている。

　とりわけ PPP では40歳、ABC では34歳に至るまでと、幼児教育プログラム終了後も青年期を超えて中年期に至るまで、長期間にわたりデータを取り続けている。そこでこの章では、この2つのプログラムに注目して、その成果を紹介する[5]。

　PPP は1962～67年に、3～4歳の黒人家庭の子どもたちを対象にはじめられたプログラムで、期間は1～2年である。プログラムは、週当たり12～15時間と比較的短いが、施設に子どもを集めて教育するだけでなく、教員による家庭訪問も週1回行われた。教員は全員が4年制大学を卒業しているだけでなく、州政府が認可する幼児教育者の資格も保持していた。

　教員の質と、家庭訪問を含むなどプログラムの充実度はきわめて高く、その実施には大きなコストがかかるため、プログラムは小規模にならざるをえない。プログラムへの参加は無作為の抽選で決められた結果、58人がプログラムに参加し、別に65人がプログラムには参加しないものの、データの収集対象者として選ばれた。

　ABC は1972～82年に、黒人家庭の0歳児を対象にはじめられた。期間は5年間で、週45時間というフルタイムのプログラムであったが、PPP とは異なり教員による家庭訪問は行われなかった。教員は、高校を卒業しており、さらにプログラムに参加するために特別な研修を受けている。

　ABC もやはり小規模で行われており、プログラム参加者を無

作為に選んだ結果、57人がプログラムに参加し、54人はプログラムに参加しないデータ収集対象者として選ばれた。

いずれのプログラムも低所得層を対象にしており、調査対象ではあるがプログラムへの参加を許可されなかった子どもたちの多くは、家庭保育を受けていた。低所得者層の平均的な家庭環境は、子どもの発達に望ましいとはいえないとされている。

5.2 プログラムの効果

PPP の短期的な効果はめざましかった。物理的な単位が存在しない能力の大きさは、社会全体の分布におけるデータの散らばり具合いの指標である**標準偏差**で測るのが、標準的な方法だ。これは日本でもよく知られている偏差値と関係があり、標準偏差での１の違いは、偏差値10の違いにあたる。研究によると、PPP は、５歳時点での IQ を0.7標準偏差（偏差値でいえば７）、学力テストの点数を0.4標準偏差、非認知能力の１つである統制性を0.3標準偏差、それぞれ向上させたことがわかった。

ABC もやはり短期的には大きな成果を上げている。５歳時点での IQ を0.4標準偏差、学力テストの点数を0.5標準偏差改善させた。一方、統制性については統計的に確かに効果があるとはみなせなかった。

いずれのプログラムも実施直後の段階では、認知能力向上に大きく寄与していることが明らかにされた。しかし残念ながら、この効果は長くは続かないようだ。PPP では、８歳になると IQ に対する効果がほぼなくなってしまう。ABC ではもう少し長く続くようだが、いずれにせよ、IQ に対する効果はかなり小さくなる。

幼児教育実施直後に大きな効果がみられるものの、小学校入学後２〜３年経つと、IQ に対する効果が消えてしまうというパタ

ーンは、PPP や ABC に限らず、広く報告されている。しかし、この現象をもって、幼児教育に長期的な効果がないと断じてしまうのは早計だ。

プログラム実施後も長期にわたってデータを取り続けた研究は少なく、PPP と ABC に限られる。認知・非認知能力についての成人後のデータはとられていないものの、30〜40歳時点での社会生活に関して、さまざまな事柄が調べられている。

PPP と ABC は、高校卒業率を20〜50%ほど上げ、30〜40歳時点での就業率や労働所得を上昇させた一方で、社会福祉利用率を下げ、警察に逮捕される回数も減らすなど、さまざまな成果を上げていることが明らかにされた。

IQ に対する効果は幼児教育実施後数年で消えてしまうのに、どうして、このように30〜40歳時点での社会生活に影響を及ぼしうるのだろうか。幼児教育がどのように子どもの人生に影響を与えるかを知るためには、**媒介分析**が必要だ。媒介分析では、ある原因が、どのような媒介変数を経由して、最終的な結果をもたらすのかを調べる。この文脈では、幼児教育が、どのような能力の改善を通じて、最終的に成人後の社会行動に影響を及ぼすのかを調べることに当たる。

因果関係のメカニズムを理解するために行われた媒介分析によれば[6]、カギとなるのは、非認知能力の改善、特に攻撃性や多動性など、周囲の人々との間で軋轢を生じさせる**外在化問題行動**とよばれる行動の減少であった。具体的には、幼児教育が外在化問題行動を減らしたことが、将来の暴力犯罪への関与や警察による逮捕を40%、失業を20%、それぞれ減らすことにつながったことが明らかにされた。一方で、認知能力はこうした社会行動に対してほとんど影響を持たなかった。したがって、幼児教育の IQ に対する効果が数年で消えたとしても、非認知能力の改善が長期に

わたり持続したため、30～40歳時点での社会生活に好ましい影響が表れたと考えられる。

5.3 費用対効果分析

PPP や ABC といった幼児教育プログラムでは、子どもたちに好ましい影響を及ぼしたが、プログラムの実施にかかる費用もかなりのものだ。PPP は短時間のプログラムであるが、教員の質は高いし、家庭訪問も定期的に行う。ABC はフルタイムのプログラムで、5年間と長期にわたって実施されている。めざましい成果を上げたとはいえ、それらは高額なプログラム運営コストに見合ったものだったのだろうか。

長期にわたってデータを取得しなければならないこと、集めるべきデータの範囲が広いことから、**費用対効果分析**を行った研究は少数にとどまる。PPP の費用対効果分析によれば[7]、2014年の物価で評価した1人当たり費用は3万1168ドルにのぼる。便益のうち最大のものは生涯労働所得の増加であり、9万1272ドルと大きい。これに匹敵するのは、犯罪の減少から得られる社会的利益で8万7823ドルと推計されている。ここには犯罪被害を金銭評価したものと、収監費用、司法・警察活動に関わる費用が含まれている。一方、社会福祉の利用が減ることで得られる便益は6490ドルと、それほど大きくない。

ABC の費用対効果分析では[8]、労働所得の増加と犯罪の減少に加え、医療支出の減少や、質調整生存年で測られる健康面の改善から得られる利益が大きいことが明らかにされている。

費用対効果を端的に表す指標としては年当たりの収益率があり、PPP は7.7％、ABC では11％と推計されている。過去50年の平均的な株式市場の実質収益率は5％ほどであるから、これらのプログラムは、それをしのぐ「優良投資プロジェクト」であったと

いえる。

　こうした費用対効果分析は、強い仮定を置かなければ成り立たない部分があるため、どういった費用・便益が算入されているのか、また、それらはどのように推計されているのかといった点について、十分な注意が必要である。

　この費用対効果分析で最も重要な点は、その便益のおよそ半分が犯罪の減少によるものであることだ。これは、非認知能力の改善が、犯罪の減少といった目にみえにくい形ではあるが、社会的に大きな利益を生み出していることを示している。

　さらに強調しておくべきことは、犯罪の減少は、私的利益ではなく、社会的利益であることだ。言いかえると、幼児教育は、正の外部性を持っていることを示している。先にも述べたように、正の外部性を持つ財は、市場の自由な取引に任せると過小供給される。

　このような状況下で社会的に最適な水準まで幼児教育を受けさせるための方法の１つは、政府が幼児教育に補助金を支払うことだ。したがって、この費用対効果分析は、幼児教育がその費用に見合った便益を生み出していることを明らかにしただけでなく、その費用の少なくとも一部は政府が負担すべきことを示している。

5.4　効果の解釈への注意

　PPPやABCのような社会実験プログラムはRCTであるため、分析結果の統計学的な信頼性は高いが、その解釈は注意深くなされなければいけない。特に、結果の過度な一般化は禁物だ。PPPなどの社会実験プログラムの対象となったのは、アメリカの低所得家庭の子どもたちであり、それ以外の社会階層の家庭で育つ子どもたちに、同様の結果が必ずあてはまるというわけではない。

　また、こうしたプログラムが子どもの人生に影響を及ぼすメカ

ニズムも、一般に信じられているような認知能力の向上を通じたものではなく、非認知能力の改善、特に外在化問題行動の減少を通じたものである。先にも述べたように、認知能力に対する効果は確かに認められるものの、プログラム終了後数年で消えてしまう。

　幼児教育の長期的な成果を考えるうえで最も重要なのは、犯罪の減少である。犯罪は社会的に大きな費用を生み出すから、それを減少させることは大きな利益につながる。これは幼児教育が正の外部性を持つということにほかならず、幼児教育に対して、政府が補助金を与える正当な理由があることを示している。

 ## 6　大規模プログラムからの知見

6.1　社会実験プログラムの限界

　PPP や ABC といった幼児教育の社会実験プログラムは、めざましい成果を上げていたことが明らかになった。この章の冒頭でも述べたように、ヘックマンらが中心となって示したこの分析結果は、大きな社会的インパクトをもち、オバマ政権の幼児教育政策を方向づけた。

　しかし先にも述べたように、こうした結果は必ずしも一般化はできない。特に筆者は、PPP や ABC といった社会実験プログラムの研究結果は、日本を含む、現代の先進国の幼稚園・保育所政策にそのままあてはめることはできないと考えている。

　1つ目の理由は、PPP や ABC では貧しい家庭の子どもたちを対象にしているからだ。貧しい家庭では、子どもにとって望ましい発達環境を用意するのは難しいため、プログラムに参加した子どもたちと、参加しなかった子どもたちの間では IQ などの発達面で大きな違いが出たと考えられる。PPP や ABC での高い成果

を引き合いにして、幼児に英才教育をすすめるような話を耳にすることがあるが、現代日本の平均的な家庭環境は、こうした社会実験プログラムの対象となった貧しい家庭の環境よりも優れていると考えられる。

　すでに述べたとおり、幼児教育プログラムの効果は、それを受けた場合と受けなかった場合の発達度合いの比較によって測られる。家庭環境や一般的な教育環境が優れているならば、特別な幼児教育プログラムを受けなくとも子どもの発達には支障がないから、PPPやABCで報告されたような大きな効果は得られないだろう。

　2つ目の理由は、PPPもABCも特別に計画されたきわめて質の高いプログラムであり、それと同等の質のプログラムを全国的に展開するのは、コストや資源の制約の観点からほぼ不可能であるからだ。教員は総じて高学歴で、1人の先生がみる子どもの数も抑えられている。PPPでは教室での授業に加え、1〜2週に一度は家庭訪問を行い、両親に子育てについての助言もしている。多くの先進国では、平均的な保育所・幼稚園は一定の質を保っているものの、さすがにここまで質の高い教育は行えてはいない。そのため、PPPやABCで得られたほどの大きな成果を、公的な幼児教育に期待するのは無理がある。

　日本を含む先進国の幼児教育政策を考えるうえでより参考になる研究は、その国の子どもたちの大多数が通うような「普通」の幼稚園・保育所の効果について分析したものである。そこに通う子どもたちは、貧しい家庭の子どもに限らないためだ。

6.2　大規模プログラムから読み解く保育の効果

　大規模な公的幼児教育プログラム[9]では、子どもの年齢が、幼児教育を受けるためのほぼ唯一の条件であり、貧しい家庭の子ど

もに対象を限っている社会実験プログラムとは、この点が大きく異なる。

■ 差の差分析

大規模プログラムでは、すべての幼児に教育を受けさせるという趣旨のため、RCT が行われておらず、多くの研究では、その効果を評価するために、あたかも実験が行われているかのような状況を利用した**自然実験**アプローチを利用している。なかでも多く使われるのが、この本でたびたび登場している**差の差分析**（**DID**）だ。

日本を含む多くの国々では、中央政府が幼児教育拡大を計画しても、実行に移すのは地方政府だ。地方政府の能力や財政余力はさまざまであるから、中央で方針が決定したとしても、それが実行に移されるペースにはばらつきが出る。

ある地域では、早い時期に多くの子どもたちが幼児教育を受けるようになる一方で、別の地域では、保育所・幼稚園といった施設の準備が進まないため、一部の子どもたちしか幼児教育を受けられないということがしばしば起こる。これは、日本でも待機児童問題の深刻さに地域差があることと同様だ。

施設の準備が進まない地域の住民にとってはありがたくない話だが、幼児教育の拡大ペースが地域間で異なることを利用し、差の差分析を適用すると、大規模幼児教育プログラムの効果を測ることができる。

図6.1は、差の差分析によって幼児教育プログラム改革の効果がどのように得られるかを例示したものだ。ここでは単純化のため、幼児教育プログラム改革が行われた場合と行われなかった場合の2つのケースしかないものとする。

ここでも因果推論での言葉の使い方にしたがって、幼児教育プログラム改革を、**介入**とよぶ。介入が行われた地域を**介入群**、行

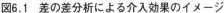

図6.1　差の差分析による介入効果のイメージ

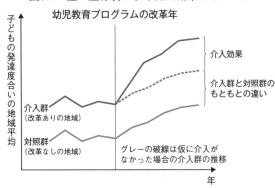

われなかった地域を**対照群**として、両者における子どもの発達度合いの平均の推移をグラフで示してある。

　幼児教育プログラム改革の**効果**、つまり**介入効果**は、介入が行われた場合と行われなかった場合の子どもの発達度合いの差として定義される。しかし、介入が行われなかった場合の子どもの発達度合いは、介入群では観測することはできない。なぜなら、介入は実際に行われてしまっており、仮になかったらどうなったかは想像に頼るほかないためだ。

　仮に、介入群に介入がなされなかったら、子どもの発達度合いはどのように推移するのだろうか。その手がかりを対照群に求めるのが、差の差分析の発想である。具体的には、介入年以降の子どもの発達の推移は、介入群と対照群で平行に動くと仮定する。第2章4節（25頁）で解説した**平行トレンドの仮定**だ。図6.1では、平行トレンドの仮定のもとで、介入群に介入がなされなかった場合の子どもの発達度合いを破線で示している。したがって、介入群における実線と破線の差が、分析から得られた介入効果の値である。この考え方を一般化して、異なる地域で、異なる年に幼児教育プログラム改革が行われた場合についても、介入効果を測る

ことができる。差の差分析の詳細に関心のある読者は、巻末付録のパート A.1（225頁）を参照してほしい。

■ 回帰不連続デザイン

これもこの本でたびたび登場している分析手法だが、**回帰不連続デザイン（RDD）**も保育の効果の識別に利用されている。公的な大規模幼児教育プログラムでは、子どもの年齢によって受け入れの可否を決めている。したがって、ギリギリ受け入れ可能年齢に達していた子どもと、達していなかった子どもの発達具合いを比較することにより、幼児教育プログラムの効果を識別することができる。

また、日本やイタリアなど一部の国では、保育所の供給が不足しているため、利用希望者を何らかの観点から順位づけし、順位の高い家庭から利用を許可している。こうした制度のもとでは、ギリギリ利用を許可された家庭の子どもと、許可されなかった家庭の子どもを比較することで、因果関係を検証できる。

図6.2は RDD によって得られる幼児教育プログラムの効果のイメージだ。日本の待機児童が発生している地域では、保育所利用希望者に保育所等利用調整指数を付与し、指数が高い人から優先的に利用できる仕組みになっており、これが実務のうえでも厳密に運用されているとしよう。垂直に引かれた線は、保育所利用が許可されるために必要な保育所等利用調整指数の最低点を示している。これより少しでも高ければ利用許可がおりるが、少しでも低ければ利用は許可されないことになる。

保育所等利用調整指数と家庭環境に何らかの相関がある場合、仮に保育所を利用しなかったとしても、保育所等利用調整指数に応じて子どもの発達度合いが変化するだろう。ここでは、保育所等利用調整指数が高いほど家庭環境がよく、保育所利用がない場合の子どもの発達度合いもより進んでいるケースを想定している

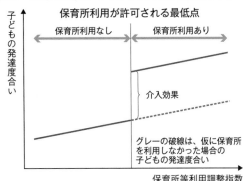

図6.2　回帰不連続デザインによる介入効果のイメージ

（これが実際に正しいか否かは未検証なので注意してほしい）。

　この図において、実際に観測された保育所等利用調整指数と子どもの発達度合いの関係は、実線で表されるものだとしよう。保育所利用が許可される最低点のあたりで、子どもの発達度合いが急激に上がり、グラフがジャンプしている。このジャンプが「介入効果」である。

　ここでは、あくまで RDD による分析のイメージを例示しているだけであり、筆者の知る限り、実際にこうした分析が行われたわけではない。自治体は保育所等利用調整指数についての情報を持っているものの、それを研究者に開示することには及び腰だ。さらに、利用調整指数が利用可能であったとしても、分析のためには保育所利用を申し込んだすべての家庭に対する子どもの発達度合いの調査が必要になる。こうしたデータ収集上の困難があるため、日本では、制度の不連続性を利用した RDD による分析は、いまのところなされていないようだが、後述するように、イタリアではこうした制度の不連続性を利用した分析が行われた。

6.3 プログラムの効果

公的な大規模幼児教育プログラムが、子どもたちの学力に与える影響を評価した研究は、アルゼンチン[10]、ノルウェー[11]、スペイン[12]、ドイツ[13]、アメリカのジョージア州・オクラホマ州[14]などで行われてきた。これらの研究によると、幼児教育は子どものテストの点数を上げ、その効果は長ければ中学校1年生になるあたりまで続くようである。しかし、逆にいえば、それ以降のテストの点数に影響していないことは留意すべきだ。こうした結果は、すでに説明したPPPやABCのような実験的プログラムから得られた知見とかなり似通っている。

数は少ないものの、いくつかの研究では子どもたちの非認知能力の1つである「社会情緒的能力」に与える影響も評価している。こちらは国によって結果がやや異なり、デンマーク[15]では影響なし、日本[16]、スペイン[17]とドイツ[18]では子どもたちの社会情緒的能力の改善や、問題行動の減少が報告されている。

学力面に与える影響とは異なり、社会情緒的能力に与える影響は長期的に継続することを示す研究[19]があり、幼児教育が子どもの人生を変えているのは、学力ではなく社会情緒的能力を通じた影響であることが示唆されている。

ここまで紹介した研究のなかで特に重要なのは、子どもの発達を改善する効果は、社会経済的に恵まれない貧しい家庭で育つ子どもたちに特に強く表れている点だ。日本のものを含め、多くの研究では、平均的、あるいはそれ以上に恵まれた家庭で育つ子どもたちには、明確な効果はみられなかった。PPPやABCのような実験的プログラムの結果は、やはり、社会全体には一般化できないようだ。

繰り返し強調しているが、幼児教育プログラムの効果を考えるうえで、そのプログラムに参加しなかった場合に子どもが育つ環

境を、明確に意識しておくことはきわめて重要だ。家庭環境が子どもの発達に好ましいのであれば、十分な質の確保ができていない幼児教育施設に子どもを預けることは、子どもの発達にとってむしろマイナスになるからだ。

　実際、イタリアのボローニャにおける幼児教育プログラムでは、裕福な家庭の子どもについては負の影響が報告されている[20]。ボローニャでは、公的保育の利用を希望する家庭の経済的豊かさを指標化し、貧しい家庭から優先的に利用できるようになっている。これは「保育ニーズ」を点数化して、保育所利用者を決める、日本の保育所の「利用調整」とよばれるシステムと似ている（第11章では、利用調整がもたらす影響について詳しく議論する）。

　イタリアの研究では、保育所利用が子どもの発達に与える影響を識別するために、回帰不連続デザインを応用している。ギリギリ基準以下の豊かさで利用を認められた家庭の子どもと、ギリギリで基準を超えてしまったために利用を認められなかった家庭の子どもを比較することで、因果関係を検証するのだ。ボローニャはイタリアでも有数の豊かな都市で、当然、子どもの家庭環境も恵まれている。事実、8〜14歳の子どもの IQ の平均も116.4と、かなり高い。こうした豊かな社会で、大規模な幼児教育プログラムを導入した場合の効果はどのようなものだろうか。

　分析の結果、0〜2歳の間に保育所の利用が1カ月増えると、8〜14歳時点での IQ が0.6ポイント（標準偏差の5％に相当）減ることがわかった。そしてこの負の効果は、家庭が裕福であるほど大きくなっていた。さらに、協調性、知的好奇心に関わる開放性が減少する一方、情緒不安定さを示す神経症傾向が高まるなど、非認知能力への悪影響もみつかった。

　この分析を行った研究者たちは、乳幼児の発達には、大人と一対一で触れ合うことが重要であるが、保育所ではそれが実現でき

ていないことが、こうした保育所利用の悪影響の原因だと推測している。ボローニャの豊かな家庭では、子どもの世話をするのが親であれ、祖父母であれ、ベビーシッターであれ、子どもと大人は一対一で触れ合うことが多い。したがって、保育所を利用することは、子どもにとっての発達環境が悪くなってしまうことを意味している。

もう1つの重要な点として、この研究では、0～2歳の子どもたちを分析の対象としたことが挙げられる。本章で取り上げた研究のほとんどは、3～5歳の子どもたちを対象としており、こうした年齢の違いも結果の違いに影響している可能性はある。なお、次章で取り上げる日本の研究では2歳時点での保育利用の影響を評価している。

最後に、大規模幼児教育プログラムについての費用対効果分析の結果を紹介したい。スペインにおける、幼児教育開始年齢の4歳から3歳への引き下げを分析した研究[21]によると、この改革がもたらした利益は、その費用の4倍にのぼったと試算されている。その内訳を見ると、ほとんどが子どもの発達の改善から得られるもので、両親の就業増にともなう税収増はそれほど大きなものではなかったようだ。この研究も、やはり幼児教育は投資として有効であることを示している。

7 おわりに

本章では、保育の幼児教育的側面に注目し、幼児教育の経済学的分析を紹介した。子どもの人的資本形成についての簡単な理論モデルを示し、議論の枠組みを提供するとともに、これまでに世界各国から得られた実証分析とそこで得られたエビデンスを紹介した。

ペリー幼児教育プログラムに代表される社会実験的な幼児教育プログラムは、小規模でかつ貧困層だけを対象にした特殊なものであるが、RCT を行っているため、統計学的信頼性は高く、そこから得られた知見はきわめて有益だ。

　社会実験プログラムから得られたデータを分析した結果の要点は、以下の3つにまとめられる。1つ目は、IQ などの認知能力に対する影響は短期的には大きいものの、プログラム実施後数年で消えてしまうということだ。2つ目は、非認知能力の改善がきわめて重要であることだ。攻撃性や多動性など、周囲の人々との間で軋轢を生じさせる外在化問題行動を減らし、将来の暴力犯罪への関与や警察による逮捕、そして失業を減らすことにつながっている。3つ目は、幼児教育の経済的な収益率は、株式市場への投資を上回るほど大きなものであるが、その半分近くは犯罪の減少を通じたものであることだ。これは幼児教育が正の外部性を持つことを意味し、政策的介入が必要であることを示している。

　社会実験プログラムにおける、こうした幼児教育の成果はめざましいものであるが、この結果がどんな子どもにも当てはまるというわけではないことには注意が必要だ。大規模な公的幼児教育プログラムを分析した各国の研究によると、効果があるのはやはり社会経済的に恵まれない貧しい家庭で育つ子どもたちである。

　平均以上の家庭で育つ子どもたちは、家庭環境がそれほど悪くないため、幼児教育プログラムを受けても発達に大きな影響はない。それどころか、裕福な家庭の子どもにはマイナスの影響さえありうる。これは、裕福な家庭の環境は子どもの発達にとって特に望ましいためである。こうした研究結果は、幼児教育プログラムの質が、対象とする家庭の保育環境を下回らないように設計する必要があることを示している。これまでの研究の積み重ねから得られた知見をふまえて保育政策をめぐる政策論議がなされるよ

うになれば、これまで以上に実りあるものになるだろう。

　本章では、幼児教育を受ける場合と受けない場合を比較した研究を紹介したが、保育士と子どものやりとりから保育の質を評価し、それらが子どもの発達に及ぼす影響を調べた研究もあるので[22]、関心のある読者はそうした文献にもあたってほしい。

📐 数学補論：幼児教育の人的資本モデル

　この補論では、本章2節（97頁）で紹介した人的資本理論の詳細を解説する[23]。まず、子どもの持つ人的資本をベクトル θ で表すことにしよう。θ には、認知能力や非認知能力、そして健康状態など、多様な人間の能力がまとめられている。家庭環境はベクトル h で表され、こちらも親の教育水準、知能指数（IQ）などさまざまな要素が含まれている。また、子どもに対する投資はベクトル I で表す。ここには、教育支出だけではなく、親が子どもの教育にかけた時間なども含まれている。

　これらを用いて、子どもの人的資本形成を次のような式で表す。

$$\theta_{t+1} = f(\theta_t, I_t, h)$$

ここで、添字 t は時間についてのものであり、子どもの将来の人的資本形成には、子ども自身の過去の人的資本、投資、そして家庭環境が関わってくることを考慮している。きわめて単純な式だが、現在の研究で重視されている要素がコンパクトにまとめられている。とりわけ、以下の3点が重要だ。

　第1に、子どもの人的資本は多次元であるということだ。これは θ がベクトルであることで表現される。第2に、人的資本は、より新しい技能の獲得を助けるという意味で、自己生産的である。これは上の式で表すと、$\partial f(\theta_t, I_t, h)/\partial \theta_t > 0$ となる。また、認知能力と非認知能力は、それ自体が社会において有用なだけでなく、互いに伸ばすうえ

でも助けになる。ここで認知能力を θ_i^C、非認知能力を θ_i^N とすると、この点は、$\partial^2 f(\theta_t, I_t, h)/\partial\theta_i^C\partial\theta_i^N > 0$ と表される。第3に、子どもの現在の人的資本と子どもへの投資は、新たな人的資本を生み出すうえで補完関係にあり、上の式で表すと、$\partial^2 f(\theta_t, I_t, h)/\partial\theta_t\partial I_t > 0$ となる。

➡ 注

1) Cunha, Heckman and Schennach（2010）.

2) 経済学の用語をもちいれば、経済が完全競争下にあり、親が子どもの厚生を最大限考慮したうえで、子どもへの投資を行っているならば、個々の親の自由な意思決定はパレート効率的な結果をもたらす。したがって、政策介入は人々の厚生を低下させるということだ。

3) Cornelissen et al.（2018）.

4) Kline and Walters（2016）.

5) その他のプログラムについては Elango et al.（2016）で解説されているので、興味のある読者は参照してほしい。

6) Heckman, Pinto and Savelyev（2013）.

7) Heckman et al.（2010）.

8) García et al.（2016）.

9) 英語では "universal early childhood education" という。

10) Berlinski, Galiani and Gertler（2009）.

11) Drange and Havnes（2019）.

12) Felfe, Nollenberger and Rodriguez-Planas（2015）.

13) Cornelissen et al.（2018）.

14) Cascio and Schanzenbach（2013）.

15) Gupta and Simonsen（2010）.

16) Yamaguchi, Asai and Kambayashi（2018b）.

17) Felfe, Nollenberger and Rodríguez-Planas（2015）.

18) Felfe and Lalive（2018）.

19) Baker, Gruber and Milligan（2015）.

20) Fort, Ichino and Zanella（2020）.

21) van Huizen, Dumhs and Plantenga（2019）.

22) Weiland and Yoshikawa（2013）、Bassok et al.（2016）など。

23) Cunha and Heckman（2007）.

第 7 章

保育園は子も親も育てる？

1 はじめに

　前の章では、保育と幼児教育が子どもたちの発達にいかに寄与し、その後の人生を変えうるのか、海外を中心にさまざまな研究を取り上げて解説した。統計学的に最も信頼性の高い知見は、ペリー幼児教育プロジェクトのような**ランダム化比較試験（RCT）**を行った研究から得られているが、こうした研究は社会経済的に恵まれない家庭を対象にしていたため、その結果をどの程度一般化できるかは定かではない。

　この章では、日本における大規模な公的幼児教育プログラムとしての保育所の拡充が、子どもの発達にどのような影響を及ぼすのかを分析した、筆者自身の研究[1]を紹介する。この研究では、2歳半時点での保育所通いが、同時期の言語発達や、1年後の多動性・攻撃性傾向に及ぼす影響を評価している。データには、厚生労働省の「21世紀出生児縦断調査」から得られた、2001年生まれと2010年生まれの子どもたちおよそ8万人の情報をもちいている。

　この研究の特徴として、以下の3点があげられる。第1に、分析対象となっている制度が、大規模な公的幼児教育プログラムであり、ペリー幼児教育プロジェクトのような貧しい家庭の子ども

たちだけを対象に特に質の高い教育を提供した実験的プログラムとは異なるということだ。両者は、対象となっている家庭の社会階層やプログラムの質などさまざまな面で異なるため、その効果にも違いがある可能性が高い。

第2に、保育所通いを通じた幼児教育が、どのように子どもの発達に影響を与えるのか、そのメカニズムについての手がかりを得ている点だ。子どもへの直接的な影響に加え、親のしつけの質、子育てストレスや幸福度などにも注目することで、保育所通いが親を通じて間接的に子どもに影響を及ぼす可能性も探っている。大規模な公的幼児教育プログラムの効果を検証した海外の先行研究は存在するが、そのメカニズムについて分析しているものは限られている。

第3に、分析対象となっている子どもの年齢は2〜3歳であり、多くの先行研究が対象とする4〜5歳の子どもたちに比べて幼いことがあげられる。子どもの発達は非常に早いため、幼児教育の効果も、子どもの年齢とともに大きく変化する可能性がある。そのため、異なる年齢を対象に分析する意義は大きい。

以下ではまず、保育所通いが子どもの発達にどのような効果があるのかを経済理論に基づいて考える。次に、日本の保育制度の概要と政府が保育所を拡充してきた背景を紹介する。さらに、保育所通いの効果をどのように測るかを解説したうえで、それに基づく実証分析の結果を紹介する。それらをふまえて、保育所が子どもの発達に及ぼす影響を考えていこう。

2 経済学で考える保育所通いの効果

保育所に通うことで、子どもの発達度合いはどのように変わるのか。まずは、経済学の理論的な観点から考えてみよう。前の章

ですでに触れたように、子どもの人的資本形成は、すでに持っている人的資本、家庭環境、そして子どもに対する投資の3つで決まるものとする。保育所の利用は、子どもに対する投資の一形態であるが、これを変化させることで、子どもの人的資本がどのように変化するのかを知るのが分析のゴールである。

　注意すべき点は、保育所を利用することによって、子どもに対する投資のうち、保育所以外の要素や、家庭環境も同時に変化しうるということである。保育所を利用すれば、利用料金を支払う一方で、母親が就業することで家計所得が増える。こうした変化に応じて、子どもの本やおもちゃ、衣服などに対する支出が変化することが考えられる。

　加えて、保育所利用によって、親の子育ての仕方が改善されれば、子どもの発達に望ましい影響を及ぼすが、これは家庭環境の変化を通じた、子どもの人的資本への影響だとみなすことができる。

　保育所利用によって、親の子育ての仕方が変わりうるのは、保育所の利用が親の子育てストレスを減らすためだ。日本で認可保育所を利用するということは、制度上働かなければならないことを意味するが、日本の母親は1人で四六時中子どもの世話をし続けなければならない場合が多いことを考えると、保育所の利用は子育て負担からの一時的な解放となりうる。そして、母親が就業することによって家計所得が増えるため、経済的な心配事からも解放される。

　この章で紹介する研究で用いられたデータでは直接確認することはできなかったものの、保育士から適切なしつけの指導を受けたり、他の親から子育ての有益な情報を得たりすることで、自身の子育ての仕方が改善されるという理由も考えられる[2]。また、子どもが常に保育士など家族以外の人間と接することから虐待が

発覚しやすくなるため、子どもをたたくといったしつけを避ける
ようになるという理由もあるだろう。

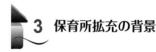

3 保育所拡充の背景

3.1 日本の保育制度

　実証分析の結果を適切に解釈するためには、日本の保育制度を
理解しておく必要がある。日本の認可保育所は、その設置基準が
「児童福祉法」で定められ、モニタリングも定期的に行われてい
るため、一定の質が保たれるようになっている。近年、無認可保
育施設が増えてきているが、2001年の「国民生活基礎調査」によ
ると、保育所を利用していた子どもたちの94%は認可保育所を利
用していた。

　児童福祉法で設置基準が定められているため、一般的にいって、
認可保育所の質は高い。保育士1人当たりの子ども数は他の先進
国と同様の水準であり、この分析で特に注目する1～2歳児につ
いては、保育士1人当たり子ども6人までとされている。また、
保育士になるには高校卒業後2年ほど短大や専門学校に通うか国
家試験に合格するなどして、資格を取得する必要があるが、こう
した資格要件はいくつかの先進国よりも厳しい基準となっている。

　日本の認可保育所は、週5日、1日8～11時間とフルタイムで
の利用が基本である。「21世紀出生児縦断調査」によると、1日
7時間以下しか利用しない子ども、週1～4日しか利用しない子
どもはいずれも全体の10%程度にすぎない。

　日本の認可保育所は、アメリカのペリー幼児教育プロジェクト
やヘッドスタートなどと異なり、低所得家庭だけを対象にしてい
るわけではないが、誰もが無条件に使えるというわけでもない。
児童福祉法の定めにしたがって、自ら子どもの保育を行えない家

庭のみが利用を認められている。「国民生活基礎調査」によると、保育所利用を認められる理由としては、親の日中の就業、病気、障害、妊娠などがあげられるが、94％の保育所利用は親の日中の就業を理由としていた。

認可保育所はその質が高い一方で、多額の補助金が支払われており、利用者が実際に支払う金額は費用の40％ほどである。2009年の「地域児童福祉事業等調査」によると、家計所得や子どもの年齢などによって料金は変わるものの、平均的な月額利用料金は2万8408円であった。

3.2　認可保育所の拡充

第3章の冒頭でも述べたとおり、待機児童数は、当時の厚生省（現・厚生労働省）により1995年にはじめて発表されたが、1990年代初頭には社会問題として認識されていた。少子化対策は、1994年の「エンゼルプラン」に始まり、その後、2000年の「新エンゼルプラン」などに引き継がれ、待機児童解消が目指されてきた。2003年の「少子化対策基本法」では、一層踏み込んだ取り組みがなされ、2000年から2010年にかけての10年間で、認可保育所定員数は12％増え、全国の子ども1人当たりの保育所定員数（保育所定員率）も0.27から0.34へと上昇した。なお、本章で紹介する研究の分析期間の後になるが、2010年以降、特に2015年以降の小規模保育所導入からの伸びが著しい。

諸外国と比べると、日本の認可保育所の拡充はかなり小規模かつスローペースであったといわざるをえないが、その一方で一定の質を保ったまま、保育所定員を増やすことができたともいえる。

保育所定員率の伸びが地域間で異なることは確かだが、その伸び方がまったくランダムに決まっているわけではない。内閣府の公表資料3)によれば、認可保育所を十分に増やせない理由として、

(1)地域の実情に合わせた柔軟な対応を阻む制度の硬直性、(2)自治体の恒久的な財源の欠如、(3)場所・人材の不足をあげている。1点目は、国レベルの保育制度の問題なので地域差は小さいかもしれないが、2、3点目は地域差が大きいだろう。

　筆者らは、これらを含めた地域ごとの要因が、保育所定員率の伸びとどの程度相関しているのかを確認した。具体的には、2000年から2010年にかけての保育所定員率の伸びを、2000年時点の女性労働力参加率など、地域レベルの変数に回帰することで、どのような要因が保育所定員率の伸びと相関しているのかを分析した。

　分析の結果、2000年時点での女性労働力参加率が高い地域ほど、その後の保育所定員率の伸びも高いことが明らかになったが、2000年時点での合計特殊出生率、地域の財政状況、地価、女性平均賃金（保育士の賃金の代理変数）などは、保育所定員率の伸びと相関していなかった。この点は、介入効果を識別するうえで重要な論点となりうるので、後ほど詳しく議論する。

4　政策評価の考え方

　日本における保育所通いが子どもの発達や母親に及ぼす影響を評価するための方法について、ここでは、ごく簡単に解説する。政策評価にもちいる計量経済学モデルや、介入効果を識別するための詳細な議論については巻末付録のパート A.2（229頁）を参照してほしい。

　この分析では、2歳半時点で保育所を利用したかどうかに注目する。データでは保育所の種類が区別されていないので、分析でも認可と無認可を区別しないが、先に述べたとおり、保育所利用者の94％は認可保育所を利用している。

　また、両親の学歴や年齢といった家庭の属性や、居住地域にお

ける失業率などの地域特性、時間を通じて変化しない地域特有の事情をとらえる**地域固定効果**と、全国共通の制度変更や景気変動など、ある年に固有の効果をとらえる**年固定効果**については、統計的に取り除く。

　しかし、それでも保育所を利用する家庭と利用しない家庭の間には、違いが残るかもしれない。というのも、現代社会においては、家庭の社会経済的地位が高いほど母親の就業意欲が強い傾向がある。そうした家庭では保育所を利用する傾向が高いことに加え、社会経済的地位が高いために子どもの発達がより進んでいる可能性があるからだ。

　仮にこうした違いが実際に残っているとすれば、保育所を利用する家庭の子どもほど、好ましい発達度合いをみせるだろう。しかし、これは保育所の幼児教育としての効果が表れているというよりも、保育所に通う子どもの家庭環境のよさを反映しているだけかもしれないのだ。

　この問題を回避するためにとられた方法は、「地域間の保育所の利用しやすさの変化の違いをもちいる」というものだ。データをみると、ある地域においては、保育所の増設などにより、保育所利用が進んでいるが、別の地域では保育所増設があまり行われなかったというような地域差があった。仮に、保育所に幼児教育機能があるならば、保育所増設を行った地域において、子どもたちの発達具合いが好ましい方向に進んでいるだろう。これはこの本で取り上げてきた**差の差分析**（**DID**）の発想にほかならない。

5 保育政策と親子の状態をデータでとらえる

5.1 21世紀出生児縦断調査
家庭のデータには、厚生労働省の「21世紀出生児縦断調査」を

もちいた。この調査は、2001年の1月10〜17日と7月10〜17日の2週間の間に生まれたすべての子どもを出生時から長期間追跡し、両親の就業や家庭の状況、保育所の利用状況や子どもの発達度合いなどについて毎年調べている。2010年には、5月10〜24日に生まれたすべての子どもを調査対象に新たに加えている。このように2つのコーホートを調査対象としているため、差の差分析を適用することができる。

　居住地の保育所定員数は、厚生労働省の「福祉行政報告例」から得ている。この調査で対象としているのは、都道府県、政令指定都市、中核市である[4]。また、ある地域に住む0〜5歳の子ども人口は、総務省統計局が行う「国勢調査」から得た。この調査は5年に1度しか行われないため、調査が行われない年の子ども人口は、その前後の調査を利用して数字を補っている[5]。

　分析は、以下のように定義した「地域」を単位として行っている。政令指定都市と中核市については、それらをそのまま、1つの地域とみなした。それ以外の自治体については都道府県ごとにまとめて、1つの地域としている。この定義にしたがうと、分析期間には82の地域が存在し、都道府県を単位としたものよりも細かい分析が可能になっている。

5.2　子どもの発達指標

　子どもの発達指標は、「言語発達」「多動性」「攻撃性」の3点について作成した。これらは、子どもの様子について、「はい」「いいえ」で答えられる単純な質問を複数組み合わせることによってつくられている。回答者は保護者であるが、その90％は母親である。

　言語発達の指標は、子どもが2歳半の時点で聞かれた、以下の3つの質問を組み合わせてつくられた。

(1)「ママ」、「ブーブー」など意味のある言葉を言う

(2) 2語文（「ワンワン キタ」など）を言う

(3) 自分の名前が言える

　これらの質問は、子どもの発達に大きな遅れがないかどうかを調べる際に、世界中の小児科医が使っているものであり、子どもの頭のよさ（つまり認知能力）を測るためのものではないことに注意してほしい。実際、ほとんどの子どもには、いずれの質問についても「はい」が当てはまる。

　次に3歳半時点での子どもの多動性を測るために、以下の5つの質問を利用した。

(1) 落ち着きがない

(2) 飽きっぽい

(3) 人の話を最後まで聞かない

(4) 公共の場で騒ぐことがある

(5) 遊具で遊ぶときに順番を守れない

　これらは、専門家が注意欠陥多動性障害（ADHD）を診断する際に使われる、アメリカ心理学会が作成した「精神疾患の診断と統計マニュアル（DSM-5）」を参考にしている。DSM-5では、診断に使うべき質問群を示しているが、まったく同じものは「21世紀出生児縦断調査」には含まれていないため、できるだけ近いものを選び出して、分析にもちいている。

　最後に、子どもの攻撃性の指標について説明する。子どもの攻撃性は、多動性と強く結びついているが、独立した症状と考えられているため、この分析でも個別に取り扱う。もっとも、両者を合わせて「問題行動の指標」とでもよぶべきものをつくることも可能だろう。攻撃性の指標は、子どもが3歳半時点で聞かれた、

以下の 3 つの質問からつくられている[6]。

(1) おもちゃや絵本を壊すことがある
(2) 人に乱暴することがある
(3) 気が短い

5.3 母親の行動・精神状態の指標

本章 2 節（122頁）で説明したとおり、保育所通いは子どもへの直接的な影響に加え、親の行動を変えることを通じて、間接的にも子どもの発達に影響を及ぼしていると考えられる。この間接的な影響を分析するために、親のしつけの質や、子育てストレス、幸福度についても指標を作成した。

調査では、子どもが悪いことをしたときにどのように対応するのか、子どもが 3 歳半の時点で質問している。具体的には、以下の 5 つの項目に対して、「よくする」「ときどきする」「まったくしない」のどれに当てはまるかを答えている。

(1) 言葉でいけない理由を説明する
(2) 理由を説明しないで「だめ」、「いけない」としかる
(3) おしりをたたくなどの行為をする
(4) 子どものしたことを無視して悪いことに気づかせる
(5) 外に出す・押し入れに閉じ込める

これらの質問を 1 つの次元に集約したしつけの質の指標を作成した[7]。

この指標が高くなるしつけの仕方は、「言葉でいけない理由を説明する」ことであり、逆に、指標が低くなるしつけの仕方は、「おしりをたたくなどの行為をする」ことである。発達心理学では、体罰が子どもの精神発達に悪影響を及ぼすことはよく知られ

ており、たたかれて育った子どもには、他の子どもに対してもたたく傾向があることが報告されている[8]。

　親の子育てストレスについては、子どもが3歳半時点の「子育てによる体の疲れが大きい」、「自分の自由な時間が持てない」などの質問が当てはまるかどうかをもとに指標を作成した[9]。

　子育てからくる主観的幸福度は、子どもが3歳半時点の「家族の結びつきが深まった」「子どもとのふれあいが楽しい」など全8項目の質問について、当てはまるかどうかを回答してもらい、指標を作成した[10]。

5.4　自己申告も意外と当てになる

　筆者たちの研究に限らず、多くの研究で使われる子どもの発達指標と母親のしつけの質やストレス、幸福度は自己申告に基づいているが、そこからつくられた指標の信頼性について疑問をもたれる読者もいるかもしれない。

　この種の研究では、1つの指標をつくるにあたって、複数の質問に対する回答を合成することによって、そこに含まれうる観測誤差の影響をできるだけ小さくしようとする方法が一般的だ。複数の質問が本質的には同じものを測ろうとしている場合、個々の質問には正しく答えられていなかったとしても、それらを足し合わせることで観測誤差を小さくしていくことができるからだ。

　同一の質問を保護者と幼稚園の先生の両者に答えてもらい、その回答を比較した結果、かなりの割合で両者が一致することが知られている[11]。「21世紀出生児縦断調査」のデータでこの点の確認はとれていないが、親が評価する子どもの発達度についての信頼性を考えるうえで、参考になるだろう。

　また、一般的に親が自分自身や子どもをよくみせるような回答上のバイアスがあったとしても、そのことがただちに得られた保

表7.1　母親の就業状態別にみる、日中の保育者の割合：子どもが2歳半時点

（単位：%）

	母親の就業状態	
	就業	非就業
保育所	73	6
祖父母	15	15
ベビーシッター、友人・知人など	2	2
両親のみ	10	76

（出所）Yamaguchi, Asai and Kambayashi（2018b）より。

育所通いの効果にバイアスが生じるわけではないという点にも注意してほしい。分析から得られた介入効果の値がバイアスを持つのは、子どもが保育所を利用している家庭ほど、親が子どもをよくみせようとするようなバイアスが強く出る場合であり、保育所利用と回答上のバイアスの大きさが相関していない限り、問題は生じない。

5.5　子どもの日中の保育者と母親の就業状態の組合せ

前の章でも説明したように、保育所通いの効果は、保育所に通った場合の発達度合いと、通わなかった場合の発達度合いの差として求められる。したがって、保育所に通わなかった場合、子どもにとっての発達環境がどのようなものかを理解しておくのは、結果を解釈するうえで重要である。

保育所に通わない場合に発達上望ましくない環境に置かれる子どもならば、保育所通いの効果は大きくなるし、保育所に通わなくとも優れた環境で育つ子どもならば、保育所通いの効果はなくなるか、場合によってはマイナスになりうる。

表7.1は、母親の就業状態別に、日中の主な保育者の割合を示している。母親が働いている場合、73％の子どもは保育所に通っ

ているが、祖父母に預けられている子どもも15％と少なくない。ベビーシッターや友人・知人などに預けられる子どもはわずか２％である。また、母親が働いている場合でも、両親のみによって保育されている子どもも10％いる。

　一方、母親が働いていない場合には、保育所に通っている子どもはわずか６％にすぎない。両親が就業などの理由で、自ら子どもの世話をできないことが認可保育所利用の前提であるから、これは妥当な数字だろう。母親が働いていない場合に最も多いのは、両親のみによって保育されている子どもたちで76％にのぼる。

　保育所に通っていない子どもたちの大半は、祖父母、あるいは両親といった家族によって保育されており、ベビーシッターや友人・知人による保育はまれであることがわかる。

 ## 6　実証分析が示す保育所通いの親子への効果

6.1　効果の分かれ道は家庭環境

　ここでは、分析結果を簡単に紹介する。推定結果の表を含めた結果の詳細に関心がある読者は、章末の「推定結果の詳細」（136頁）を参照してほしい。

　子どもの発達に対する保育所通いの平均的な影響を分析した結果によると、保育所利用は言語発達をうながすことがわかった。また、多動性と攻撃性を減少させているようにみえるものの、統計学的にはあまり確かなことはいえない。

　続いて、母親の学歴に応じて保育所利用の効果が異なることを考慮した分析の結果を紹介しよう。ここで、学歴の違いは家庭の社会経済的地位による家庭環境の違いをとらえていると考えられる。言語発達に対する効果は、母親の学歴でとらえられる家庭環境による差がほとんどない。一方、多動性と攻撃性に対する効果

は、母親が高卒、短大卒、四大卒以上の間ではほとんど差がないものの、母親が高卒未満である場合には大きなマイナスの効果がみられた。これは、母親が高卒未満である子どもたちは、保育所利用によって大きく多動性・攻撃性が減少し、行動面の問題が改善されることを示している。

保育所通いが子どもの行動を改善するメカニズムを理解するために、その親に対する影響もみてみよう。保育所通いが親のしつけの質、子育てストレス、主観的幸福度に与えた影響を分析した場合の結果をみると、しつけの質や幸福度にはほとんど影響がなく、ストレスを減らす効果はありそうだが、統計学的には確かなことはいえない。

一方、母親の学歴別に分析した結果によると、母親が高卒未満である場合には、しつけの質が改善し、子育てストレスは減少し、幸福度が上昇していることがわかる。一方、子育てストレスが減少していることを除けば、高卒・短大卒の母親に対してはほとんど影響がない。

6.2　なぜ保育所通いは子どもの発達をうながすのか

なぜ保育所通いは、子どもの言語発達と行動面の改善に寄与するのだろうか。最も影響が大きいと考えられるのは、保育所と、両親あるいは祖父母に育てられる場合との環境の差だ。保育所では、たくさんの保育士や他の子どもたちとの関わりを持つため、多くの言葉の刺激を受ける。これが、子どもの言語発達をうながしているのだろう。

また、社会経済的に恵まれない家庭で育つ子どもの多動性と攻撃性が減少しているが、恵まれない家庭は子どもの発達にとって望ましい環境を用意できない可能性が高く、こうした子どもが家庭で過ごす時間を減らし、保育所で過ごす時間を増やすことによ

って、生育環境が改善されたと考えられる。その結果、行動面の問題が減少したのだろう。

　次に考えられるのは、母親を通じた間接的な影響だ。子どもが保育所に通うことで、母親は仕事をするようになり、家計所得が増えるため、金銭面での不安が減る。加えて、四六時中の子育てから解放されるため、子育てストレスも減少する。

　こうして母親の精神面が安定することで、母子関係が良好になり、子どもをたたいてしつけるといった好ましくない行動が減る。このようにしつけの質が改善した結果、子どもの攻撃性・多動性を示す兆候や、問題行動が減ったと考えられる。

　この仮説はいまのところ直接検証したわけではないが、これまでに得られている発達心理学などの知見とも整合的であり、少なくともより厳密に検討する価値はあるだろう。しかし、因果関係の方向がまったく逆である可能性も現時点では排除できない。つまり、子どもの問題行動が減ったことが原因で、しつけの質が改善し、母親のストレスも減ったという可能性も残されている。

7　おわりに

　この章では、保育所の利用が子どもの発達と、その親に及ぼす影響を評価した研究を紹介した。その分析の結果、保育所通いは子どもの言語発達をうながし、社会経済的に恵まれない家庭で育つ子どもの多動性、攻撃性を減少させることがわかった。

　保育所に通わない場合、恵まれない家庭で育つ子どもは、他の子どもたちに比べて高い多動性と攻撃性を示すが、保育所に通う場合には、この違いがなくなる。幼少期の多動性と攻撃性が、将来の問題行動と結びついていることをふまえると、保育所通いは、家庭環境から生じる次世代の格差縮小につながっているのだ。

保育所通いは社会経済的に恵まれない家庭で育つ子どもたちに対して大きな効果があることが明らかになったものの、こうした子どもたちのすべてが実際に幼児教育を受けられているわけではない。所得下位20％の家庭で育つ子どもたちは、保育所にも幼稚園にも通っていない割合が特に高いことを示した研究[12]もある。

　恵まれない家庭の子どもが保育所に通えない原因の一端は、制度にもある。希望者すべてが保育所を利用できないような地域では、市町村が「利用調整」とよばれる手続きを通じて、申し込んだ家庭に優先順位をつけて、実際の利用者を決定する。この利用調整で重視されているのは、申込み時点で母親がフルタイム就業しているかどうかであり、家計所得ではない。こうした制度が、貧しい家庭の子どもたちを保育所から遠ざけてしまっている可能性がある。第3部の第11章では、この点を詳しく検討する。今後の保育・幼児教育政策では、こうした恵まれない層をいかに取り込んでいけるかがきわめて重要だ。

🎓 推定結果の詳細

　本章6節（133頁）で解説した介入効果の推定には、**操作変数法**（instrumental variables：**IV**）とよばれる手法を利用している。具体的な推定モデルについては巻末付録のパートA.2（229頁）で解説しているが、ここではその推定結果を詳しく紹介する。操作変数としてもちいた保育所定員率に対する係数は正で、統計的にも強く有意であった。

■ 子どもの発達への影響

　子どもの発達に対する保育所通いの影響を分析した結果を「モデル1」として、表7.2にまとめている。この推定結果によると、保育所利用は言語発達をうながすことがわかった。また、多動性と攻撃性を減少させているようにみえるが、その推定値は標準誤差が大きく、あ

表7.2　子どもの発達に対する保育所通いの影響

	言語発達	多動性	攻撃性
モデル1			
保育所利用	0.712	-0.430	-0.140
	(0.205)	(0.281)	(0.220)
モデル2			
保育所利用（基準：四大卒以上）	0.817	-0.335	-0.086
	(0.237)	(0.322)	(0.242)
保育所利用×母親が高卒未満	-0.092	-0.372	-0.433
	(0.168)	(0.180)	(0.220)
保育所利用×母親が高卒	-0.085	-0.041	0.029
	(0.099)	(0.101)	(0.090)
保育所利用×母親が短大卒	-0.121	-0.077	-0.093
	(0.095)	(0.092)	(0.101)

（出所）Yamaguchi, Asai and Kambayashi（2018b）、Table 5より。

まり確かなことはいえない。

　続いて、母親の学歴に応じて保育所利用の効果が異なることを考慮した分析を「モデル2」とし、その結果も表7.2に示した。母親の学歴を示すダミー変数との交差項を回帰式に含めているが、基準となるグループは母親が「四大卒以上」である。ダミー変数がとらえるのは基準となるグループとの差であることに注意してほしい。したがって、「母親が高卒未満」のグループに対する保育所利用の効果は0.817−0.092 ＝ 0.725である。同様に、母親が高卒であれば、保育所利用の効果は0.817−0.085 ＝ 0.732となる。

　母親の学歴の違いは、家庭の社会経済的地位による家庭環境の違いをとらえていると考えられる。言語発達に対する効果は、母親の学歴でとらえられる家庭環境による差がほとんどない。一方、多動性と攻撃性に対する効果は、母親が高卒、短大卒、四大卒以上の間ではほとんど差がないものの、母親が高卒未満である場合には大きな負の値が出ている。これは、母親が高卒未満である子どもたちは、保育所利用によって大きく多動性・攻撃性が減少し、行動面の問題が改善されることを示している。

少し脱線するが、統計分析に慣れた人にとってはおなじみの、分析結果の表で有意水準を示す星は、この本では意図的につけていない。星をつけてしまうと、その視覚的な印象に引きずられ、結果を有意・非有意の2分法で解釈することに陥りがちだからだ。読者のなかにも自分で統計分析を行う人はいると思うが、星が多く出るようなモデルを選びたいと感じたことがあるだろう。あえて星を表示しないことで、統計的有意性に過剰に価値を置いた誤った判断に陥ることを防ぎやすくなる。なお、*American Economic Review* のガイドラインでは、"Please do not use stars to denote significance of estimation results. Just report the standard errors in parenthesis." と明記されており、星を表示せずに標準誤差を示すことを要求している。

■ 母親への影響

保育所通いが子どもの行動を改善するメカニズムを理解するために、その親に対する影響もみてみよう。表7.3には、保育所通いが親のしつけの質、子育てストレス、主観的幸福度に与えた影響を分析した場合の結果を示している。モデル1と2の違いは、表7.2と同様で、母親の学歴による効果の差をみているかどうかで区別している。

モデル1の推定結果をみると、しつけの質や幸福度にはほぼ影響がなく、ストレスを減らす効果はありそうだが、やや標準誤差が大きい。

モデル2においては、母親の学歴を示すダミー変数との交差項を回帰式に含んでいる。母親が四大卒である場合、そのしつけの質に対する保育所利用の効果は −0.034 だ。一方、母親が高卒未満である場合には、−0.034＋0.691 ＝ 0.657 が保育所利用の効果となる。同様に、母親が高卒である場合、しつけの質に対する保育所利用の効果は −0.034＋0.155 ＝ 0.121 となる。

この表にまとめられた推定結果によると、母親が高卒未満である場合に、しつけの質が改善し、子育てストレスは減少し、幸福度が上昇していることがわかる。一方、子育てストレスが減少していることを除けば、高卒・短大卒の母親に対してはほとんど影響がない。

表7.3　親に対する保育所利用の影響

	しつけの質	ストレス	幸福度
モデル 1			
保育所利用	0.191	-0.469	0.039
	(0.190)	(0.250)	(0.206)
モデル 2			
保育所利用（基準：四大卒以上）	-0.034	-0.162	-0.080
	(0.268)	(0.272)	(0.242)
保育所利用×母親が高卒未満	0.691	-0.488	0.548
	(0.247)	(0.187)	(0.168)
保育所利用×母親が高卒	0.155	-0.273	0.075
	(0.118)	(0.084)	(0.093)
保育所利用×母親が短大卒	0.098	-0.148	-0.043
	(0.107)	(0.086)	(0.101)

（出所）Yamaguchi, Asai and Kambayashi.（2018b）、Table 6より。

🖙 注

1）Yamaguchi, Asai and Kambayashi（2018b）.

2）Charrois et al.（2017）など。

3）内閣府（2010）「国と自治体が一体的に取り組む待機児童解消『先取り』プロジェクト」（http://www.kantei.go.jp/jp/singi/taikijidou/）。

4）同じく厚生労働省の「社会福祉施設等調査」では市町村レベルでの保育所定員数が報告されているが、2007年前後で調査方法が大きく変更されたことに伴い、回収率が大幅に低下し、十分な精度が得られないおそれがある。そのため、この分析では利用しなかった。

5）ここでは線形補間により推定している。

6）言語発達、多動性、攻撃性のいずれについても、当てはまる項目の数を足し上げ、それを正規化した「Ｚスコア」とよばれる指標を作成している。Ｚスコアとは、もともとの数値から平均を引き、標準偏差で割ったものである。そのため、Ｚスコアの平均は 0 、分散は 1 に正規化される。

7）ここではコレスポンデンス分析とよばれる統計手法をもちいている。なお、この指標も平均 0 、分散 1 となるように正規化している。

8）Okuzono et al.（2017）.

9）全部で17もあるのでここで列挙はしないが、これまで同様、当てはまる項目の数を足し上げ、平均 0 、分散 1 となるように正規化した。

10）他の指標と同様に、当てはまる項目の数を正規化した。

11）Knobloch et al.（1979）, Baker, Gruber and Milligan（2008）, Goodman（2001）.

12）Kachi, Kato and Kawachi（2020）.

第 **3** 部

●

子育て支援がうながす
女性活躍

第 8 章

育休で母親は働きやすくなる？

 1 はじめに

　ここまで、子育て支援の政策が出生率の向上や子どもの発達に
もたらす効果について、経済学の理論と実証分析に基づいて検討
してきた。この章からはじまる第3部では、育児休業（育休）制
度や保育政策などの子育て支援のための政策が、母親の就業支援
としてどんな効果を発揮しているのかを考えてみよう。海外の研
究を紹介しつつ、日本の育休制度と保育政策が母親の就業に及ぼ
した影響を評価した筆者自身の研究についても詳しく紹介する。

　まずこの章では、育休制度が母親の就業に及ぼす影響について
論じる。育休制度が出生率の引き上げや子どもの健全な発達をう
ながす効果については第2章と第5章でみたとおりだが、やはり
制度の重要な目的は「母親の就業促進」にあるといえる。

　当時の安倍晋三首相は2013年4月19日、「成長戦略スピーチ」
で改めて「女性の活躍」を成長戦略の中核と位置づけ、「社会の
あらゆる分野で2020年までに指導的地位に女性が占める割合を
30％以上とする」目標に言及した。そのうえで、徐々に改善しつ
つあるもののヨーロッパ等の諸外国と比べると依然として困難が
存在し、「いまだに、多くの女性が、育児をとるか仕事をとるか
という二者択一を迫られている現実があります」という現状認識
を示した。そして、「待機児童解消加速化プラン」「3年間抱っこ

し放題での職場復帰支援」「子育て後の再就職・起業支援」とい
う3つの方針を示し、日本における女性の活躍をうながすための
諸政策を実施すると表明した。

2000年台半ば以降、子ども・子育て関連の政策は育休制度の充
実化も含めて多岐にわたって進められており、実際に子育て世代
の女性の就業率はこれまで徐々に上昇してきた。しかし、依然と
して非正社員・職員として就業する女性は多く、勤続年数も男性
と比べて短い傾向にあり、賃金格差も存在し続けている。また、
日本の女性の管理職比率の低さはたびたび指摘されてきた。安倍
首相が上記のスピーチで言及した指導的地位に占める女性の割合
を「2020年までに30％」という目標は内閣府の「男女共同参画推
進連携会議」でも示されているが、2019年時点でも平均で7.7％
と[1]、管理職という面では目標からはほど遠い状況にある。

この章では、まず経済理論に基づいて、育休の母親就業支援効
果についての論点を整理する。次に、世界中のさまざまな実証研
究が明らかにしてきた実際の効果について紹介し、上で述べたよ
うな政策目標が達成できるか否かを論じるうえで必要となる知見
について解説する。

 ## 2 経済学で考える育休制度の就業支援効果

ここでは、育休制度が母親の就業に及ぼす影響についての経済
理論的な論点を整理する[2]。第5章2節（81頁）でも述べたよう
に、育休制度の二本柱は「雇用保障」と「給付金」だ。**雇用保障**
は、仕事への復帰を容易にすると考えられている。子どもが生ま
れて数カ月は仕事から離れ子育てに専念する母親が多いが、育休
による雇用保障がまったくなければ一度退職し、仕事復帰の際に
は職探しからはじめなければならなくなる。仮に、ただちに仕事

がみつかるならば（こうした状況を、**労働市場に摩擦がない**、という）、雇用保障がなくとも仕事への復帰は容易であるが、現実には希望する仕事に就くまでに一定の職探し期間が必要となることが多い。育休で雇用保障がなされているのであれば、この職探しを避けられるために、流動性の低い労働市場での母親就業を促進する効果があると考えられる。

もちろん、国によって労働市場の流動性は大きく異なるため、雇用保障が女性就業に及ぼす効果も大きく異なりうる。アメリカのような流動性の高い労働市場と、日本のような流動性の低い労働市場を比較すれば、日本においては雇用保障の持つ意義がより大きいことが予想される。

育休の副作用としてしばしば取り上げられるのは、**人的資本の減耗**だ。育休で仕事から離れている間に、職業上必要な技能、知識が失われてしまうため、育休期間が長くなるにつれ、仕事への復帰が難しくなり、復帰後の生産性も低下してしまうと懸念されることがある。育休による人的資本の減耗が、母親の仕事復帰を難しくすること自体は議論の余地がないが、どのくらいの期間、育休をとると大きく人的資本が失われるのか、また、どういった職種で特に大きな人的資本の減耗が起こるのかといった論点が、実証的に重要である。

もう1つの柱である**給付金**は、単純な所得移転ととらえられることが多い。通常、余暇は正常財と考えられている。**正常財**とは経済学の概念の1つであり、所得が増えるにつれて需要が増える財のことだ。つまり、所得が増えると余暇需要も増える、裏を返せば労働供給が減ると考えられている。このため、給付金には母親の労働供給を減らす効果があると予想される。また、幼い子どもを抱えるような若い家族は、今後所得が上がっていくことが見込まれるものの、現時点では所得が低く、**借入制約**に直面してい

る場合もある。こうした家族は、子育てに時間を使うために労働供給を減らしたいと考えていても、借入ができないために消費水準が大きく低下してしまうことをおそれ、労働供給を減らさない可能性がある。こうした借入制約が解消されれば、借入を行うことで消費水準を保ちながら労働供給を減らし、子育てにより時間をかけるようになるだろう。

　ここまでは労働供給側、つまり女性側の立場からみた育休の効果を論じてきたが、労働需要側、つまり女性を雇う企業の立場からみた育休の効果も考えてみよう。育休の給付金は雇用保険から支払われるため、企業側には直接の支出は発生しないが、一時的にせよ欠員が出てしまうことは企業側からすれば痛手になりうる。日本では欠員を補うための中小企業向け補助金もあるが、それでも人繰りには一定の手間がかかる。育休制度が充実するにつれて、こうした労務管理コストの負担感が高まれば、そもそも最初から女性を雇うことに後ろ向きになる可能性がある。この場合、女性労働に対する需要が減るため女性賃金が低下する。

3 政策評価の考え方

　第2章4.3項（34頁）でも述べたように、育休制度の評価で最もよく使われる手法は**回帰不連続デザイン（RDD）**だ。育休制度の変更は、ある特定の日にちをもって一国全体で行われることが多く、制度変更前に出産した場合には旧制度が、制度変更後に出産した場合には新制度が、すべての人に一律に適用される国がほとんどだ。したがって、わずかな出産のタイミングの違いによって適用される育休制度が異なりうるが、母親の属性など、それ以外の点については違いがなければ、新制度のもとで出産した人と旧制度のもとで出産した人を比較することで、育休制度改革の効

果を知ることができる。なお、ここでもちいられた計量経済学モデルの詳細は、巻末付録のパートA.3（234頁）を参照してほしい。

　回帰不連続デザインを育休制度の評価に応用するにあたって、以下の2つの点に注意が必要だ。1つ目は、データが質量ともに充実してなければならない点だ。これは回帰不連続デザインに常に付きまとう問題でもあるが、出産のタイミングが少なくとも四半期ないしは月次でわからなければならないし、四半期あるいは月ごとの観測数もかなりの数が確保できないと、制度変更の効果を正確に検知できなくなってしまう。オーストリア[3]やドイツ[4]などの国々を対象とした分析では、この問題を解決するために社会保険料の払込みデータなどの**行政データ**が利用されている。

　2つ目は、政策変更がどの時点で人々に認識されたかという点だ。育休制度がより充実したものになることが1年以上前に知られていたならば、新制度の恩恵を受けるために出産のタイミングを意図的に遅らせる可能性がある。先に触れたドイツの研究は、育休改革が制定・公布されたのは施行の3カ月前であったこと、それ以前の議会における議論も新聞では取り上げられていなかったことなどを指摘し、人々が意図的に出産のタイミングを遅らせることは不可能だったと主張している。この主張の妥当性を間接的に評価するための1つの方法として、制度改革直前に出産した母親と、直後に出産した母親との間で、年齢、学歴、出産前の賃金、労働時間などに違いがないかどうかを確認するというものがある。仮に両者の間で学歴などに違いがあれば、制度改革の影響と学歴の違いの影響を区別することができなくなる。

　育休制度の効果を検証した主要な研究で回帰不連続デザインが応用されることが多い理由は、先にも述べたように育休制度が国全体に適用されるケースが多いためである。この点は、自治体レベルで運用される保育制度と異なり、実証分析のデザインを考え

るうえでは重要な違いとなっている。

ここまで回帰不連続デザインによる育休改革効果の識別について説明してきたが、実はこのアプローチは日本の制度に対してはうまく適用できない。日本では、子どもの誕生日を基準として適用される制度が決まるわけではないからだ。育休に関する法律（育児・介護休業法と雇用保険法）を参照すると、制度は「1歳に満たない子について」適用されるとある。したがって、改革前に生まれた子どもでも、施行後から1歳になるまでの期間は改革後の制度が適用されるのだ。たしかに、出生から改革までの期間は旧制度が適用されるが、改革後は1歳になるまで新制度が適用されるため、諸外国の制度のように、誕生日による劇的な差は生じない。このこと自体は社会制度として優れているとみなせるが、政策効果の識別には活用できないことを意味する。

少数ではあるが、**差の差分析**（**DID**）を応用し、育休制度の効果を検証した研究もある。1990年代後半から2000年代前半とやや古いものの、国際間の育休制度の違いを利用した有名な研究[5]がある。また、カナダにおける州ごとの育休制度の違いを利用した差の差分析を行い、育休制度の効果が検証した研究もある[6]。

4 実証分析が示す育休制度の就業支援効果

4.1 オーストリアにおける育休改革の効果

では実際に、育休制度が母親就業にどのような影響を及ぼしたのかみていこう。この節ではまず、先ほども触れた、回帰不連続デザインを応用してオーストリアの育休改革の影響を分析した研究[7]を紹介する。これは、第2章5.2項（38頁）で育休制度が出生率に及ぼす影響を評価したものとしても解説した研究だ。そのうえで、オーストリア以外の国々における結果も見渡すことで、

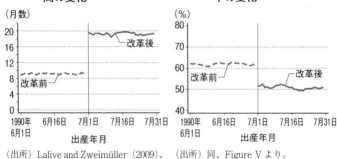

図8.1 改革前後での育休取得期間の変化

（月数）

20
16
12
8
4

改革後
改革前

1990年　6月16日　7月1日　7月16日　7月31日
6月1日
出産年月

図8.2 ３年以内の仕事復帰経験率の変化

（%）

80
70
60
50
40

改革前
改革後

1990年　6月16日　7月1日　7月16日　7月31日
6月1日
出産年月

（出所）Lalive and Zweimüller（2009）、Figure II より。

（出所）同、Figure V より。

育休の効果を検証した研究の全体像を描き出したい。

　オーストリアでは、1990年7月1日に育休改革が施行され、雇用保障の期間が1年から2年に延長された。子どもが生まれてから最初の2カ月は産休期間とされ、それまでの所得によらず月額1000ユーロが、それ以降の育休期間中は月額340ユーロの給付金が支払われた。この制度変更の効果を評価するために、この研究では改革前の1990年6月に出産した母親たちと、改革後の同年7月に出産した母親たちを比較した。なお、育休を取得するためには、一定期間の就業実績が必要であるが、分析ではその資格を満たした人々だけを対象としている。

　図8.1は育休取得期間の改革前後での変化を示している。横軸は出産年月、縦軸は育休取得期間（月数）の平均をとっている。1990年7月1日に施行された育休改革前は平均で9カ月ほど育休を取得していたが、改革直後から大幅に育休取得期間が伸びて19カ月ほどに達している。この図から、育休改革が実際に人々の行動に影響し、育休取得期間が大幅に伸びたことが確認できる。

　図8.2は、出産から3年以内に一度でも仕事に復帰した経験のある人の割合（仕事復帰経験率）を示している。横軸は図8.1と同

様に出産年月である。改革前は60％超が３年以内に仕事に復帰していたものの、改革後には50％程度に落ち込んでおり、育休期間の延長に伴って母親の仕事への復帰が遅くなっていることがわかる。

　出産から仕事に復帰するまでのタイミングがどのように変化したのかを詳しくみたものが、図8.3である。縦軸は出産後３年以内に一度でも仕事に復帰した経験のある人の割合であるが、横軸はこれまでの図と異なり、出産からの経過月数をとっている。破線は改革直前の1990年６月に出産した人々、実線は改革直後の1990年７月に出産した人々を示している。改革直前に出産した人々は最長で出産後12カ月まで育休をとることができるが、そのタイミングで仕事に復帰する人が多い。出産から11カ月時点で仕事に復帰している人の割合は15％ほどであるが、12カ月になった途端に40％超の人が仕事復帰している。出産後時間が経つにつれて仕事に復帰する人の割合も増え続け、出産から10年経った時点での復帰経験率は80％を超えている。

　一方、改革直後に出産した人々は最長で出産後24カ月までの育休取得が可能だ。出産後24カ月以前に仕事に復帰する人は20％弱いるが、育休期間が切れると同時に仕事復帰する人が多く、出産後24カ月時点での仕事復帰経験率は40％に跳ね上がる。その後も、時間が経つにつれて仕事復帰を経験する人の割合は増え続け、出産から10年経った時点での復帰経験率は80％超に達する。

　この図8.3から読み取るべきことは、以下の２点にまとめられる。１つ目は、育休制度は実際の育休取得期間に大きな影響を及ぼしていたという点だ。これは多くの人々が取得可能な最長の育休期間が終わると同時に仕事に復帰していることと、育休期間の延長に伴って仕事復帰のタイミングが大きく変わっていることから明らかである。２つ目は、育休期間の延長は、長期的には母親

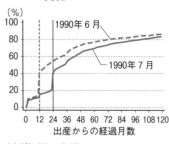

図8.3　仕事復帰のタイミングの変化

（%）

1990年6月

1990年7月

出産からの経過月数

（出所）図8.2と同。

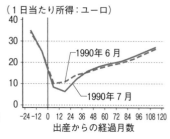

図8.4　労働所得の変化

（1日当たり所得：ユーロ）

1990年6月

1990年7月

出産からの経過月数

（出所）図8.2と同。

の就業にあまり影響しなかったという点だ。育休期間の延長は、長期的な仕事復帰経験率をわずかに低下させているが、労働時間や労働所得で評価すると、改革直前に出産した人々と直後に出産した人々の間の差は、だいたい出産後3年時点で完全に消えている。図8.4に示したように労働所得だけでみると、むしろ改革直後に出産した人々のほうが高い所得を得ているほどだ。

4.2　その他の国々における育休改革の効果

すでに述べたとおり、育休制度が母親の就業に及ぼす影響は、労働市場の流動性などに影響を受けるため、国による違いが生じうる。また、育休制度が提供する雇用保障期間が短期か長期かによっても効果は異なりうるため、オーストリア以外の国々を対象とした研究についてもみていこう。

ドイツでは、1979年から1993年の間に5回にわたる育休改革が行われた。1979年の改革では育休期間が2カ月から6カ月に延長されたため、この改革を分析することで短期の育休の効果について知ることができる。そして、1992年の改革では育休期間が1年半から3年に延長されたことを利用して、長期の育休の効果につ

いても知ることができるため、育休期間が母親就業に及ぼす影響について包括的な分析が行われた。

この改革の効果を分析した研究[8]によると、取得可能な最長育休期間が伸びるたびに、人々の仕事への復帰が遅くなったことが明らかになった。しかし、出産後3年程度での就業率や所得をみると改革の影響はほとんどない。これらの結果は分析したすべての育休改革に共通した傾向であり、先に紹介したオーストリアの結果とも似通っている。

ノルウェーで1992年に行われた育休期間の32週から35週への引き上げの影響についても分析がなされている[9]。これによると、この制度変更の影響で、母親が仕事から離れる期間が伸びたものの、やはり就業や所得への中長期的な影響は認められなかった。

フランスの1994年の育休改革に注目した分析も行われている[10]。改革以前は3人目の子どもについては出産後3年まで育休をとることができ、育休中は平均月収の3分の1から半分程度が給付金として支払われていた。改革後は2人目の子どもも対象となり、給付金も支払われていた。分析の結果、この改革は2人目の子ども出産から2～4年時点での母親の就業率を16%ポイントも低下させた。これはドイツやオーストリアの結果と大きく異なるが、フランスでは給付金額が大きかったことの影響だと考えられる。

カナダを対象とした研究[11]では、1963年から2002年にかけて各州で順次導入された育休制度の影響を評価した。育休導入についても、その後の延長についても、タイミングが州ごとに異なることを利用して差の差分析を応用している点が、他の多くの分析と異なる。これによると17～18週という短い育休の導入は、母親の就業に短期的にも何ら影響を及ぼさなかった。これは、すでに民間企業の間で短期間の育休制度が自主的に導入されていたためだ

としている。一方、1年近くにわたる育休は、母親の仕事復帰の時期を遅らせたことがわかった。また、いずれの期間の育休についても同じ雇用者のもとで働く人の割合が増えていることも示された。なお、就業への長期的な影響については評価されていない。

日本で1995年と2001年に行われた育休給付金引き上げの影響についても評価が行われている[12]。この制度変更は金額についてのみのもので、育休期間は1年間のまま変更されなかった。分析によると、この変更は出産1年以内の母親の就業行動にまったく影響しないことがわかった。

このように、多くの国々の育休改革を分析して得られた知見は、先に4.1項（147頁）でみたオーストリアの事例を分析した研究と似通っている。つまり、制度で決められた育休期間の上限に応じて、母親の仕事への復帰は遅くなるが、中長期的な雇用への影響はあまりないということだ。ただし、給付金額が大きく期間も長期にわたる場合、フランスのように母親の就業率を低下させることもある。

5 おわりに

ここまで紹介してきたとおり、育休制度が母親の就業に及ぼした影響についてみると、育休制度の利用率は全体的に高く、短期的には仕事への復帰時期を遅らせる傾向があるものの、中長期的な影響はほぼないことがわかった。

それでは、育休制度はその費用を上回るような便益を生み出せているだろうか。前の節でみたノルウェーの育休改革を分析した研究は、育休により母親の就業が増えたわけでもなく、子どもの発達に有益な影響がなかった一方、育休給付金の支出が大きかったため、費用対便益という観点からは有効性の低い政策であった

と論じている。さらに、育休政策は所得分配上、逆進的な性質を持つことも指摘している。これは、育休の給付金は子どもを持たない人々から子どもを持つ人々への所得再分配であるが、子どもを持たない人々は低所得の人が多いためだ。

また、日本を含む多くの国々では、給付金額が育休取得前の所得によって決まるため、所得が高い人ほど高額の給付金を受け取れる制度になっている。この点は育休制度と保育政策の間で大きく異なっている。第2部では、保育を充実させる政策は費用対便益という観点からも正当化されやすいと論じてきたが、この点は育休政策には当てはまらないようだ。

👉 注

1）帝国データバンク「女性登用に対する企業の意識調査（2019年）」。
2）ただし筆者の知る限り、母親の就業モデルを示し、それを解析的に解いて育休制度の効果を論じたような論文は存在しないため、主要な研究でインフォーマルに論じられている点をまとめたものにすぎないことをあらかじめ断っておく。
3）Lalive and Zweimüller（2009）.
4）Schönberg and Ludsteck（2014）.
5）Ruhm（1998）, Tanaka（2005）.
6）Baker and Milligan（2008a）.
7）Lalive and Zweimüller（2009）.
8）Schönberg and Ludsteck（2014）.
9）Dahl et al.（2016）.
10）Canaan（2019）.
11）Baker and Milligan（2008a）.
12）Asai（2015）.

第 9 章

長すぎる育休は逆効果？

1 はじめに

　ほとんどの先進国では育児休業（育休）を制度化しているが、その休業期間や給付金額は国によって大きく異なるのは、第5章2節（81頁）でみたとおりだ。日本の育休制度の充実ぶりは雇用保障の期間でみれば OECD 平均程度であるが、これをフランスやドイツなどの国々のように3年に伸ばしたならば、母親の働きやすさにはどんな影響があるのだろうか。こうした疑問は育休制度に関心のある人ならば当然抱くものだろう。前の章でも触れたように、2013年には当時の安倍晋三首相が「3年間抱っこし放題」というスローガンとともに育休期間を3年に延長することを提案した。この提案は企業側と労働者側の双方から支持を得られず実現することはなかったが、仮にこの「育休3年制」が導入されていたとしたら、女性の就業率や出生率にはどんな影響があったのだろうか。

　この本で解説してきた因果推論は、過去に導入された政策の効果を評価するための分析手法だ。それでは、まだ施行されていない政策の効果を事前に評価するにはどうすればよいだろうか。すぐに思いつくのは、すでに「育休3年制」を導入済みのフランスやドイツの経験に学ぶというものだ。まったく手がかりがない場合は、他の国の経験から学ぶというのは妥当なやり方かもしれな

い。しかし、日本とこうした国々の間では、労働市場や家族政策のあり方などにも違いがあるため、他国の結果がそのまま日本にも当てはまるわけではない。

　もう1つの方法は、小規模な実験（ランダム化比較試験：RCT）を行うというものだ。多くの場合、RCTを行えば政策の効果を正確に評価することができるが、費用面、倫理面、あるいは政治的な障壁のために問題が生じることが多く、先進国において実行することは難しい。

　この章では、未実施の政策の効果を事前に評価するための方法として、**構造推定アプローチ**を利用することを提案した筆者自身の研究を紹介[1]する。既存のデータをもちいて経済理論に基づく構造モデルを推定し、そのモデルをもちいて新たな政策をシミュレートすることで、政策効果を事前評価しようという方法だ。一般論として、構造推定は**誘導型推定**（因果推論）よりも強い仮定を必要とすることが多く、その結果の解釈には注意が必要だ。しかし、そもそも誘導型推定が使えないような困難な状況を解決しようとする手法なので、より強い仮定が必要になるのは当然であることも指摘しておきたい。「強い仮定が必要だから、構造推定アプローチをもちいた政策の事前評価は行うべきではない」というのもひとつの見識であるかもしれない。しかし、限界があることを認めつつも、最善の答えを求めようとする試みには社会的に大きな意義があるというのが筆者の意見だ。

　以下ではまず、日本の育休制度の変遷を紹介する。次に、分析でもちいる女性の社会経済的な背景や就業状態をとらえたデータの概要を説明し、そこからわかることを記述的に分析する。そして、それを前提として構造推定アプローチでもちいる経済モデルの概要と、そのモデルが描く人々の行動を分析した結果を紹介したうえで、構造モデルに基づいて「育休3年制」が実施された場

合の効果を考えるための政策シミュレーションについて解説する。なおこの章では、モデルと分析の要点を直観的につかむことに力点を置いて説明する。構造推定アプローチの詳細は、巻末付録のパートC（240頁）を参照してほしい。

2　日本の育休制度の変遷

　日本では1992年にはじめて育休制度が導入された。当初の育休期間は子どもが満1歳になるまでで、給付金は支払われなかった。また当時、育休を取得できたのは無期雇用の従業員に限られ、育休期間終了後には復職することが期待されていた。

　育休給付金が導入されたのは1995年のことで、当初の所得代替率（年間所得に対する給付金額の割合）は25％だったが、2001年に40％に引き上げられた。諸外国同様、給付金は雇用保険から支払われ、個別企業が直接負担するわけではない。このことは、第5章でもみたとおりだ。

　次に大きな変更が行われたのは2005年で、ここではじめて有期雇用の従業員であっても、育休期間終了後も雇用の継続が見込まれる場合には育休を取得することができるようになった。そして、2007年には給付金の所得代替率が50％に引き上げられた。これまでの育休制度の変遷は、表9.1のようにまとめられる。

　この研究の分析対象期間からは外れるが、参考までに2020年現在の給付金の所得代替率は最初の6カ月が67％、次の6カ月が50％となっている。なお、給付金は非課税であること、社会保険料などが免除されることをふまえると、実質的には手取りの80％程度を受け取ることができると言われている。

表9.1 育休制度の変遷

年	取得資格 正規	取得資格 非正規	雇用保障期間	所得代替率	成立	施行
1992～1994	✓		1 年	0 %	91 年 5 月15日	92 年 4 月 1 日
1995～2000	✓		1 年	25%	94 年 6 月29日	95 年 4 月 1 日
2001～2004	✓		1 年	40%	00 年 5 月12日	01 年 1 月 1 日
2005～2006	✓	✓	1 年	40%	04 年12月 8 日	05 年 4 月 1 日
2007～2012	✓	✓	1 年	50%	07 年 4 月23日	07 年 4 月 1 日

(出所) Yamaguchi (2019)、Table 1より。

3 データと記述統計による分析

3.1 データの概要

　分析には、家計経済研究所が実施してきた「消費生活に関するパネル調査」（家計研パネル）をもちいた[2]。家計研パネルは24～34歳の女性1500人を対象として1993年にはじめられた。その後、1997年に24～27歳の女性500人、2003年に24～29歳の女性836人、2008年に24～28歳の女性636人を追加し、2008年時点では2284人が調査対象となっている。この研究では1993～2011年のデータを利用している。ここから、就学を終え自営業者ではない既婚女性のデータを取り出して欠損値を取り除くなどの処理をした結果、最終的には1826人、1万4907件（年×人）のデータを分析対象とした。

　表9.2には、このデータの概要をつかむため、主な変数ごとに平均や分散（データの散らばり）などの要約統計量を示した。平均年齢は35歳で、その教育年数は13年ほどである。このサンプルの年齢層は24～52歳であるが、2011年の「人口動態統計」によると年間の出産の89％はこの年齢層によって行われており、ライフサイクルにおける出産のほとんどをこのデータでとらえることが

表9.2　要約統計量

	平均	分散	最小値	最大値
個人の属性				
年齢	35.239	5.976	24.000	52.000
教育年数	13.211	1.634	9.000	18.000
専業主婦年数	5.580	4.791	0.000	26.000
正規就業年数	6.573	5.091	0.000	34.000
非正規就業年数	3.271	4.135	0.000	26.000
子どもの数	1.720	0.966	0.000	4.000
夫の年収（百万円）	5.103	2.027	0.000	45.000
自身の年収（百万円）	0.859	1.423	0.000	8.964
就業・出産選択				
専業主婦	0.503	0.500	0.000	1.000
正規就業	0.188	0.391	0.000	1.000
非正規就業	0.292	0.455	0.000	1.000
育休取得	0.017	0.130	0.000	1.000
妊娠	0.081	0.274	0.000	1.000
観測数（人数×年）	14907			
人数	1826			

（出所）Yamaguchi（2019）、Table 2より。

できる。累積での専業主婦年数は5.6年、正規就業年数は6.6年、そして非正規就業年数は3.3年ほどである。また、子ども数の平均は1.7人と合計特殊出生率よりも高いが、これはこのサンプルが既婚女性であるためだ。夫の年収は510万円で、本人の年収は86万円ほどだ。

就業選択の分布をみてみると、サンプル全体で専業主婦が選ばれるのは50％程度である。正規就業は19％、非正規就業は29％となっている。ある年に育休を取得している割合は2％ほどであるが、これはそもそも、ある年に妊娠している人が8％しかいないためだ。

表9.3　年齢別にみた就業状態、妊娠の有無や子どもの数等

| | 年齢 | | | |
	30歳 N=916	35歳 N=907	40歳 N=592	45歳 N=293
専業主婦	0.591 (0.016)	0.535 (0.017)	0.419 (0.020)	0.311 (0.027)
正規就業	0.178 (0.012)	0.172 (0.013)	0.208 (0.017)	0.235 (0.025)
非正規就業	0.194 (0.013)	0.276 (0.015)	0.367 (0.020)	0.454 (0.030)
育休取得	0.037 (0.006)	0.018 (0.004)	0.007 (0.003)	0 (—)
妊娠	0.166 (0.012)	0.053 (0.008)	0.012 (0.004)	0 (—)
自身の年収 (百万円)	0.673 (0.041)	0.755 (0.044)	1.067 (0.067)	1.302 (0.102)
子どもの数	1.407 (0.030)	1.867 (0.031)	2.007 (0.036)	2.089 (0.051)
夫の年収 (百万円)	4.482 (0.062)	5.172 (0.060)	5.723 (0.093)	6.022 (0.136)

（注）既婚女性が対象。就学中や自営業の女性は除いている。所得は2010年の価格で評価し100万円単位で記載。カッコ内は標準誤差。

（出所）Yamaguchi（2019）、Table 3より。

3.2　データからわかること

　表9.3には、年齢が上がるにつれてどのように主な変数が変化していくのかを、平均値の推移で示している。30歳時点では59%が専業主婦であるものの、年齢が上がっていくにつれて外で仕事をするようになり、45歳時点では31%にとどまる。その就業形態についてみると、30歳時点では正規・非正規就業とも18〜19%程度であり、両方とも年齢が上がるにつれて上昇するものの非正規で働く人の割合のほうが増えるペースが早く、45歳時点で正規で

表9.4　就業状態の遷移行列

t−1期の就業状態	t 期の就業状態			
	専業主婦	正規就業	非正規就業	育休取得
専業主婦	**0.886** (0.005)	0.010 (0.001)	0.104 (0.004)	0.000 (—)
正規就業	0.066 (0.005)	**0.826** (0.010)	0.038 (0.004)	0.071 (0.006)
非正規就業	0.109 (0.006)	0.037 (0.003)	**0.847** (0.008)	0.007 (0.001)
育休取得	0.103 (0.021)	0.653 (0.035)	0.122 (0.025)	0.122 (0.024)

（注）既婚女性が対象。就学中や自営業の女性は除いている。カッコ内は標準誤差。

（出所）Yamaguchi（2019）、Table 4 より。

働く人は24％なのに対し、非正規で働く人は45％にのぼる。出産後、子どもが育つにつれて外で働く人が増えていくが、その仕事の多くは非正規の仕事であることがうかがえる。

　妊娠している確率は30歳時点で最高の17％で、その後年齢が上がるにつれて下がり、45歳ではゼロとなる。子どもの数は30歳時点で1.4人であるが、最終的には45歳時点で2.1人ほどとなる。

　表9.4は、就業状態の移り変わりを示した**遷移行列**とよばれる表だ。各行は昨年（t−1年）の就業状態を示し、各列は今年（t年）の就業状態をそれぞれ示している。たとえば、1行目には昨年専業主婦だった人について、今年の就業状態がどのようなものになるかについての確率が書かれている。それによると、昨年専業主婦だった人が今年も専業主婦を続ける確率は89％とほとんどだ。昨年専業主婦だった人が今年から非正規就業をはじめる確率は10％であるが、正規就業をはじめる確率はわずか1％しかない。もちろんこれは要約統計量にすぎず、本人の意思で正規就業しな

いのか、それとも正規就業の仕事がみつけられないのか区別はつけられないが、いずれにせよ専業主婦から正規就業に移るのはかなりまれであることがわかる。

この遷移行列の重要な特徴として、育休取得を除けば対角線上の組合せの数字が大きい、つまり昨年と同じ就業状態が今年も選ばれる傾向が強いことがあげられる。このような関係を**系列相関**というが、この説明としては、個人間の「異質性」と「状態依存性」の2つがあげられる。前者の**異質性**は、人間には異なる類型（タイプ）があり、ある類型に属する人間は同じ選択を繰り返すというものだ。たとえば、専業主婦タイプという女性がいたとすれば、ときどきは外で働くこともあるかもしれないが、基本的には専業主婦を選ぶ。あるいは、キャリア志向タイプの女性は、ほとんどの年で正規就業を選ぶというものだ。一方、後者の**状態依存性**は、昨年の就業状態が原因となって、今年の就業状態に影響を及ぼすというものだ。その背景には人的資本の変化が考えられる。たとえば、昨年働いて経験を積み、人的資本が蓄積された結果、働くことで得られる収入が高くなるため、今年働く確率が上がる。逆に、それまで働いていた人でも、昨年仕事を休んで専業主婦になった場合、人的資本が減耗する結果、今年も働かず専業主婦を繰り返す確率が上がる。

表9.5は育休取得に関する要約統計量を示している。ある年に子どもを生んだ女性のうち、育休取得資格があったのは29％ほどだ。育休取得資格があった女性のうち、58％は実際に育休をとるが、30％は育休をとらずに仕事を辞めてしまう。残りの12％は育休をとらずに仕事を続けている。育休取得後は職場復帰することが前提とされており、実際に90％ほどが職場復帰、あるいは育休を延長することで就業を続けている。

育休取得資格があるならば、とりあえず育休を取得して給付金

表9.5　育休取得についての要約統計量

	平均	標準誤差
出産した女性のうち		
(1) 育休取得資格者	0.293	0.016
育休取得資格者のうち		
(2) 退職・専業主婦	0.296	0.027
(3) 育休取得	0.584	0.030
(4) 育休取得せず就業	0.119	0.020
前年育休取得者のうち		
(5) 就業継続	0.898	0.021

（注）表9.4と同。
（出所）Yamaguchi（2019）、Table 5より。

をもらうのが理にかなっているように思えるが、実際にデータを
みると30％近くの有資格者が育休をとらずに仕事を辞めてしまっ
ている。この事実は、育休は取得資格があるといっても、おそら
く手続きや職場の人間関係などのさまざまな事情があるために、
必ずしも簡単にとれるわけではない可能性を示している。この点
については、分析に明示的に取り込んでいく。

 4　現実をとらえる構造モデル

　ここでは、分析でもちいる構造推定アプローチの概略を簡単に
述べる。まず上記のデータをもちいて、女性たちが自身や配偶者
の所得等の社会経済的な要因に応じて自らの就業・出産・育休取
得をどのように決めるかを描写した意思決定モデルを構築する。
次に、現実のデータをこの意思決定モデルに当てはめることで、
政策の変更（ここでは主に育休制度の導入や育休給付金の給付率の変
化）に対する女性たちの反応度を確認する。具体的には、前掲の

表9.1（157頁）で示したようなデータ期間中の育休取得資格の変化と、給付率の段階的な引き上げを利用して、両者の変更が人々の意思決定に与える影響を測定する。これらの反応を人々の意思決定モデルに盛り込むことで、現実データと経済理論に基づいた将来の政策変化（主に育休期間の1年から3年への延長）を予測することができる。

　ところで女性たちは、どのように自身の就業・出産・育休取得を決めるのだろうか。経済理論に基づいて考えると、就業すれば収入が得られる一方、自由に使える時間が減ってしまう。趣味や旅行の時間等はもちろん、幼い子どもがいる場合には、子どもと一緒にいる時間も少なくなる。子どもを預けて働きに出るには金銭面の負担も必要だし、幼い子どもを預けて働くことへの不安や抵抗感もあるかもしれない。

　一方で就業を通じて得られるのは、現時点の収入だけではない。得られた仕事の経験は、自身の将来の収入を増やすことにもつながる。その反面、仕事から離れると次のようなデメリットが生じうる。まず、(1) それまでの仕事を通じて培った専門知識やスキルが徐々に失われてしまう。次に、(2) 日本のように労働市場の流動性が低い場合、正規で働いた経験があっても、一度辞めてしまうと、新たに別の正規の職をみつけるのが難しい。場合によっては、就業可能な職が長期間みつからないこともあるかもしれない。こう考えると、雇用保障付きの育休制度は、上記(2)がもたらす労働者の負担を軽減してくれる機能を持つ。加えて給付金によって、所得の面でも離職のデメリットはある程度は軽減される。

　構造推定アプローチでは、こうした状況下での時間を通じた女性の就業・出産・育休取得における選択を、経済理論の一般的な想定に基づいてモデル化（数式で表現）する。経済理論の一般的な想定とは、「女性が現在および将来を考慮して、自分にとって

最も望ましい結果が得られるような意思決定を選択する」というものである。その際、自身の所得、配偶者の所得、育児にかかる出費などの金銭的な要因に加え、子育てを通じて得られるお金以外の満足感、幼い子どもと離れて働きに出ることへの抵抗感、育休取得の際の上司との折衝や現場での調整・引き継ぎ、同僚への申し訳なさや、長期間職場を離れることへの心理的な不安などといった非金銭的な要因も考慮して、総合的に決めるとする。

　ここでは、女性の就業・出産・育休取得における意思決定を定量的な分析に落とし込むために、**動学的離散選択**という意思決定モデルをもちいる。これは、上記の想定のもとで女性が就業するか否か、出産するか否か、就業中に育休を取得するか否かを選択する状況を理論モデルで描写したものである。就業選択については、正規と非正規のどちらの形態で働くかも区別されている。これにより、離職した状態から正規で復帰する場合と、非正規で復帰する場合の困難さも比較可能な形でとらえることができる。また、そのとき何歳の子どもがいるかを明示的に区別している点も、この研究の特長だ。これにより、子どもが0歳の場合と1、2歳やそれ以上の場合に働きに出る際の金銭的・心理的なコストを比較することもできる。

　また実際の研究では、政策シミュレーションを行う前にモデルの現実妥当性を検証する。筆者の研究でも、このモデルがうまく実際の女性の行動パターンを再現できているかを確認したうえでシミュレーションを行った。

 ## 5　構造モデルが示す女性の就業決定

　この節では、構造モデルからわかった3つの重要な点について紹介しよう。第1に、昨年専業主婦だった人が新たに正規就業を

はじめるには大きな「不効用」が生じている。この場合の不効用とは、大きな苦痛を伴うということを意味する。非正規就業をはじめる際にも一定の不効用が生じるが、正規就業に比べると小さなものである。これは新たに正規の仕事をみつけることが難しいことをとらえていると解釈される。この点をふまえると、育休制度が提供する雇用保障は、育休後に正規就業への復帰をスムーズなものとしていることがわかる。

第2に、未就学児を抱えての就業は、正規、非正規を問わず大きな不効用が発生する。特に0歳時については極端に大きな不効用があるが、子どもが1歳を超えると急速に縮小していく。0歳児を抱えている人が働く場合のみに特に大きな不効用が生じるのにはいくつか理由が考えられるが、最も重要な点として、1歳までの子どもについては、母親自らが育てることが、子どもの発達に対して好ましいと多くの人々に信じられていたことがある。特に、母乳育児は仕事をしながら行うことが難しいため、母乳育児を好む母親にとっては、0歳児を抱えたまま働くことは大きな負担となるだろう。もちろん、第5章でお話したように、たとえ0歳児であっても必ずしも母親自らが育てる必要がないこと、母乳育児には子どもの発達上のメリットがないことなどが近年の研究で明らかにされているが、そうした点は、データに含まれる1993〜2011年当時の日本の母親にはほとんど知られていなかった。

第3に、法的な権利は育休取得の**取引費用**、つまり取得にかかる手間や時間などを大きく減らし、育休をとりやすくすることがわかった。やはり法的な権利の保護には一定の実効性があるのだ。

6 育休3年制のシミュレーション

6.1 育休政策の効果

続いて、構築したモデルを利用してさまざまな政策についてシミュレーションを行う。ここでは、これらの政策は2010年に制定・施行され、その後は政策変更が行われないことを人々が知っているものとする。また分析対象は、育休政策に最も強く影響を受ける、2009年時点で妊娠し働いていた女性とする。

雇用保障の効果を評価するため、以下の3つの設定でシミュレーションを行う。第1の設定では育休がまったくない社会を、第2の設定では1年間の雇用保障がある社会を、そして第3の設定では3年間の雇用保障がある社会を考える。いずれの設定でも、育休給付金はないものとする。

これら3つの設定のもとで、母親が働く確率を縦軸に示したものが図9.1だ。横軸は出産からの経過年数を示し、出産1年前からはじめられている。分析対象は出産1年前に妊娠し、働いていた人なので、確率は100％である。いずれの設定においても、出産の年（0年）には働く確率が大きく落ち込むが、時間が経つにつれて働く母親が増えていく。育休がまったくない社会では、出産1年後に働く確率は33％であるが、1年、あるいは3年の育休がある場合にはこの確率が54％にまで上昇する。この育休の効果は1年だけでなく長期にわたって影響があり、出産10年後に母親が働く確率は、育休がない場合は58％であるのに対し、1年の育休がある場合には66％、3年の育休がある場合には67％になる。こうした結果は、1年間の育休は働く母親の割合を大幅に引き上げるが、それを3年に延長することは母親の就業にとってほとんど影響がないことを示している。

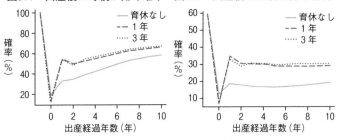

図9.1 出産後に母親が働く確率　図9.2 出産後に正規で働く割合

（出所）Yamaguchi（2019）、Figure 3より（図9.2～9.5も同）。

　図9.1で育休制度には母親の就業を増やす効果があることはわかったが、特に正規と非正規のどちらの就業を助ける効果があるのだろうか。図9.2は、縦軸に正規従業員として働く人の割合を示している。これによると、1年あるいは3年の育休制度は正規従業員として働く人の割合を大幅に増やしていることがわかる。

　図9.3には、縦軸に非正規で働く人の割合を示している。こちらは育休制度がある場合でもあまり割合が増えていない。それどころか出産5年後あたりからは、育休がない場合よりも年数に関係なく育休がある場合のほうが就業する確率が低くなっている。この2つのグラフを合わせて考えると、育休制度は主に正規就業を助ける形で、全体としての就業率を高めていることがわかる。この結果は、新たに正規就業の仕事をみつけることが難しいことを示唆する構造パラメーターの推定結果とも整合的だ。

　続いて、育休取得率がそれぞれの設定でどのように異なるか確認してみよう。図9.4は、縦軸に育休取得率をとったグラフで、横軸は上記と同様に出産からの年数である。育休が国全体で制度化されていない場合においても一部の企業が自主的に整備するため、育休取得率は12％となる。しかし、育休制度が1年あるいは3年で制度化されている場合、育休取得率はその4倍以上にも跳

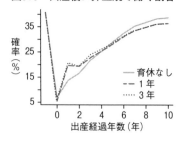

図9.3　出産後に非正規で働く割合

確率（％）

育休なし
1年
3年

出産経過年数（年）

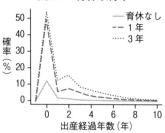

図9.4　育休取得率

確率（％）

育休なし
1年
3年

出産経過年数（年）

ね上がる。しかし、出産2年後となると育休取得中の母親の割合は大幅に下がる。もちろん、育休3年制のほうが1年制よりも高い育休の割合を示しているが、それでも15％程度にすぎない。育休をとることができる期間が増えたからといって、実際に育休をとろうという人はそれほど多くないのだ。

　ここまでに示したシミュレーションでは、育休給付金が支払われないものとしているが、この点を変更しても、結果に大きな変化はない。2013年に当時の安倍首相が提案した「育休3年制」では、給付金は当時の制度そのままで（1年間で所得代替率50％）、雇用保障の期間を3年間に延長しようというものだったが、この両者をシミュレーションで比較した結果でも、この「育休3年制」は母親の就業をほとんど増やさないことがわかった。

　「育休3年制」が導入されても実際に長期間取得する人が少ないのは、休業中に失われてしまう人的資本が大きいためかもしれない。この点も、シミュレーションを通じて検証してみよう。新たに行うシミュレーションでは、育休中に人的資本が失われない場合も設定して、母親の就業パターンなどがどのように変化するのかをみている。その結果、育休中に人的資本が失われようが失われまいが、「育休3年制」への移行は、ほとんど就業を増やさないことがわかった。

そもそも、育休中に失われると推定される人的資本の量は大きくはなく、構造モデルで推定されたパラメーターによると１年当たり２～５％程度だ。人的資本の減耗は、高度な専門職についてはこれよりも大きな数字かもしれないが、平均的な女性はそうした仕事には就いていない。特に、このデータに含まれる女性のうち四大卒以上の学歴を持つのは14％であるから、推定結果はそれほどおかしなものだとは思えない。この点は、海外の研究結果とも一致している。たとえばオーストリアのデータをもちいた分析[3]では、育休期間中の人的資本の減耗は、平均的にはわずかなものにすぎないという結果が示されている。

　また、育休給付金の所得代替率を変えても、育休取得を促進するような大きな効果はみられなかった。たとえば、育休期間を１年間としたもとで、所得代替率を０％から50％に引き上げても育休取得率は２％ポイントしか増えなかった。

　なお、ここで紹介したシミュレーションは女性の意思決定のみを考慮しており、企業側の反応などは考慮に入れていないことに注意が必要だ。育休を１年から３年に伸ばすことで、わずかでも就業率が上がるのならば、導入には意義があるのではないかと考える人もいるかもしれない。しかし、先ほど紹介したシミュレーション結果は企業などの需要サイドが政策変更に反応しないことを前提にしている。確かに給付金を支払うのは雇用保険であり個別企業ではないが、育休取得者の不在を埋めるための人員の手配には一定の費用がかかるだろう。大企業ならばそれほど大きな負担ではないかもしれないが、中小企業にとっては、その負担を軽減する補助金制度があるとはいえ、そうした金銭的・非金銭的な負担は無視できないほど大きいかもしれない。その場合、「育休３年制」は女性労働者に対する企業側の需要を減少させるという悪影響を持つと考えられる。したがって、供給側の行動だけに着

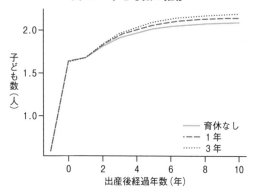

図9.5　子ども数の推移

（縦軸）子ども数（人）

（横軸）出産後経過年数（年）

凡例：
育休なし
1年
3年

目しても大きな効果が見込めない政策ならば、導入しないほうが賢明なのではないかというのが筆者の考えだ。

　最後に、育休制度が出生率に及ぼす影響についてもみておこう。図9.5は縦軸に子どもの数を示したグラフだ。当然、出産した0年において子どもの数が1人増えているが、その後時間が経つにつれて子どもの数が緩やかに上昇している。育休制度がない場合、出産10年後の子ども数が2.10人であるのに対し、育休が1年ある場合は2.15人、3年ある場合は2.20人とそれぞれわずかに上昇している。1年間の育休は就業に対して大きな効果があったが、出生率に対する影響はわずかなものにとどまっている。

6.2　その他の家族政策の効果

　上記の想定では育休制度は出生率をあまり上昇させないというシミュレーション結果を得たが、出生率上昇に目的を絞り、経済的に大きなインセンティブ、つまり高額の出産手当金を付与する場合に、人々はどのように反応するだろうか。このような政策は現実的ではないかもしれないが、だからこそ、シミュレーション

という形で高額の出産手当金が出生率に及ぼす影響を調べること
に意義がある。

　育休制度は期間が1年で、給付金の所得代替率が50％であると
しよう。そのうえで、100万円、300万円、500万円の出産手当金
の効果を考える。シミュレーションによると、出産手当金がない
場合、出産10年後の子ども数は2.18人である。出産時に手当が
100万円支払われると、これが2.23人になり、300万円、500万円
ではそれぞれ2.34人、2.46人と出生率が上昇する。直接的かつ大
きな経済的インセンティブには確かに出生率は反応することがわ
かった。

　一方でこうした政策は、女性の就業率や所得を下げるという副
作用があることもわかった。500万円の出産手当金が支払われる
場合、ない場合と比較すると、出産5年後に働いている確率が
59％から57％に低下し、労働所得も148万円から144万円に下落す
る。こうした結果は、女性の就業率と出生率の間には本質的には
トレードオフが存在することを示している。出産手当金はたしか
に出生率を上昇させるかもしれないが、これは一方で、就業の機
会費用を高めるため、女性就業率を下げる効果がある。同様に、
育休制度は女性の就業を促進する効果があるものの、女性の正規
就業が進み、人的資本が蓄積されるにつれて子どもを持つことに
対する機会費用を高めてしまう結果、出生率に対する影響は小さ
なものにとどまっている。

　別の家族政策として、保育所の無償化の効果もシミュレーショ
ンで検証した。この研究における構造モデルの推定では認可保育
所が使えることを前提としていたので、ここでの結果は、すでに
認可保育所が使える家庭（たとえば待機児童が発生していない地域）
に対して無償化を行った場合の効果を推定していると解釈すべき
である。無償化は母親の就業コストを減らすため、出産5年後に

働いている確率が59％から63％に上昇し、それに伴って労働所得も148万円から162万円に増加した。一方、出産10年後の子ども数は2.18人から2.20人に微増した。就業促進には一定の効果が認められたが、出生率に対する影響はわずかなものにとどまっている。

7　おわりに

　この章では、育休制度改革の効果を事前評価するための枠組みである構造推定アプローチに基づいた政策シミュレーションの結果を解説した。ランダム化比較試験の実施が現実的ではない、あるいは政策効果を知るために必要な過去の政策変更がみつけられない場合のひとつの解決策として、構造推定アプローチには一定の有用性があることは知っておいてほしい。なお、構造推定アプローチを用いて政策の事前評価をする場合でも、この章で紹介した研究のように、重要な構造パラメーターの識別に過去の政策変更を利用することで、モデルの信憑性を高めることができる。

　シミュレーションの結果から明らかとなったのは、１年間の公的育休制度導入は女性の就業を促進する効果がみられる一方で、３年間に延長しても効果はほとんどないということだ。つまり、当時の安倍首相が2013年の成長戦略スピーチで述べた、女性活躍推進のためとして要請した「育休３年制」は、仮に実現していたとしても効果がなかったことが示唆されたのだ。一見すると、育休延長は女性の就業率や出生率の向上につながりそうに感じられる。しかし現実のデータと経済理論に基づく予測からは、そのような効果はほとんどみられなかった。さらに、構造推定アプローチによって女性たちの就業・出産選択の構造と政策変化に対する反応度までをモデルで規定したことで、「なぜ効果がないのか」という背後のメカニズムまで明らかにすることができた。このよ

うに、未実現の仮想的な政策が実施された際の効果について、実際のデータと経済理論に基づいて精密に予測できるのが、構造推定アプローチの最大のメリットである。

　育休を3年まで延長できることで恩恵を受ける人々も確かに存在するかもしれない。しかしこの章で紹介した研究によれば、長期間職場を離れることの金銭的・心理的なデメリットが休業できるメリットを上回る人が多く、経済全体でみた場合には女性就業率や出生率の向上という政策目標に効果をもたらすものではなかった。ただし、より現実的に考えると、公的な育休の期限が3年に延長された場合、実際に3年取得する者は少ないとしても、それをふまえた現場での体制の整備等々は必要となり、取得する可能性のある女性を雇用する際に企業が負担するコストが大きくなる可能性もある。この場合、仮に働きたい女性が増えたとしても、育休を取得するかもしれない女性労働者に対する企業側の需要が低下してしまうかもしれず、そうなると労働需要側の要因で女性就業が阻害されることも考えられる。この研究では企業の労働需要を一定と仮定して分析しているため、この経路の分析は実施できていないが、こうした点も加味すると、ここでの政策シミュレーションの結果は育休延長がもたらす就業選択への影響の上限ととらえるのが適切かもしれない。

▶ 注

1）Yamaguchi（2019）.
2）家計研パネルは現在、慶應義塾大学パネルデータ設計・解析センターが管理・実施している。
3）Lalive et al.（2014）.

第 10 章

保育改革で母親は働きやすくなる？

1 はじめに

　この章では「保育所を拡充すると母親の就業率は上がるのか」
をテーマに、これまでにさまざまな国を対象に行われた研究の成
果を概観する。日本を含む多くの国々で、保育政策の目標には、
幼児教育の提供と母親就業率の向上が掲げられている。保育所の
充実によって母親の就業率を上げようとする背景にあるのは、幼
い子どもの存在が、母親の就業にとって足かせになってしまうと
いう認識だ。

　図10.1は先進諸国における母親の就業率を、その家庭で最も幼
い子ども（末子）の年齢別にみたものだ。まずは末子が 6 ～14歳
と学齢期である場合の母親就業率をみてみよう。一般に北欧では
母親の就業率が高いことが知られているが、図10.1に含まれてい
るデンマークの母親就業率は86％ときわめて高い。その後にフラ
ンス、ドイツ、イギリスといった西欧諸国が76～79％で続くが、
イタリア、スペインといった南欧では56、60％とかなり低い。南
欧では、母親は家にいて子どもを育てるべきという伝統的な価値
観が根強いことが知られているが、それが影響していると考えら
れる。

　日本は72％であるが、これは OECD 平均の73％とほぼ等しく、
アメリカの71％よりもわずかに高い。あまり知られてないかもし

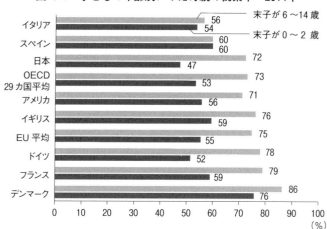

図10.1　子どもの年齢別にみた母親の就業率：2014年

	末子が6〜14歳	末子が0〜2歳
イタリア	56	54
スペイン	60	60
日本	72	47
OECD29カ国平均	73	53
アメリカ	71	56
イギリス	76	59
EU平均	75	55
ドイツ	78	52
フランス	79	59
デンマーク	86	76

（注）2014年のデータが得られない国については、利用可能な最新年のデータが
　　　示されている。
（出所）OECD Family Database、LMF1.2より。

れないが、実は日本の女性就業率は先進諸国と比べて決して低く
なく、2014年以降はアメリカよりも高い数字を記録しており、
2017年の25〜54歳における（子どもや配偶者の有無によらない）女
性就業率は、日本では77.5％であるのに対し、アメリカでは
75.0％となっている[1]。

　続いて、末子が0〜2歳と未就学で特に幼い場合の母親就業率
をみてみよう。どの国でも末子が幼いほど母親就業率が低くなる
傾向があるが、ここでもデンマークはやはり高く76％となってい
る。この数字は突出しており、EU平均の55％、OECD平均の
53％を大きく上回っている。一方、日本は47％と平均をかなり下
回り、アメリカ、スペイン、イタリアといった国々にも遅れをと
っている。

　日本において特徴的なのは、末子が学齢期に達していれば、母

親就業率は先進国平均と変わらないにもかかわらず、末子が０〜２歳と幼い場合には、母親就業率がかなり低くなってしまっている点だ。

　こうした先進国間における母親就業率の違いを生み出す要因としては、各国の女性就業に対する価値観、労働市場のあり方、育児休業制度、保育制度などが考えられる。この章ではまず、母親が就業をどう決めるのか、その判断に保育所利用がどのように影響するのかを、経済理論に基づいて考える。次に、その理論をふまえて、保育所拡充の効果を測るための実証分析の考え方を解説したうえで、分析結果を紹介する。ここでは特に、保育所の拡充が母親就業に及ぼす影響は国によって大きく異なるだけでなく、一国内でも家族構成などに応じて家庭間で大きく異なりうることが明らかになる。

2　経済学で考える母親の就業

　この節では無料、あるいは低価格で保育所が利用できるようになることが、母親の就業にどのような影響を与えるのかについて、経済理論に基づいて考えてみよう。労働経済学でよく使われるグラフをもちいた説明は、章末の数学補論（190頁）を参照してほしい。

　就業の意思決定を考えるうえでは、保育は労働供給のための**固定費用**とみなすことができる。つまり働く際に、その時間にかかわらず定額の保育費用が生じるということだ。厳密には、働く時間や日数に応じて保育所の利用時間も増減しうるから可変的な側面もあるが、大多数の保育サービスはフルタイムでの利用を前提としており、このようなとらえ方には一定の妥当性がある。

　では、補助金によって保育費用が無料になったら、この母親の

労働供給はどのように変わるだろうか。労働供給のための固定費用が取り除かれるのだから、補助金が支払われることで労働供給を行うようになる人は確かに存在する。一方、補助金が導入される前からもともと働いていた人も存在する。そうした人々にとって、保育費用の無償化は、単なる所得移転である。第8章2節（144頁）でも述べたように、一般的には、非労働所得が増えると労働時間を減らす傾向があることは知られているため、彼女らの労働時間は減少する可能性があることにも注意してほしい。

　また、保育といえば保育所の利用を想定しがちであるが、この本で指摘してきたとおり現実にはさまざまな代替的な保育手段が存在する。日本を含む多くの国々では祖父母に子どもを預けて働く母親が少なくない。また、祖父母以外にきょうだい、親戚や友人に預ける例もある。こうした人々にとって、保育所の拡充やその無償化にはどんな意味があるだろうか。おそらく、保育所が利用できるようになると、そちらを利用するようになるだろう。この場合、子どもの預け先が祖父母から保育所に移るだろうが、彼女らはもともと働いていたため、保育所拡充や無償化によっても労働供給は変化しないのだ。

　ただし、祖父母などによる保育から、保育所による保育への代替が起こるための前提となるのは、保育所の保育の質が十分に高いことである。仮に、保育所の保育の質があまりに低いと、親は子どもを保育所に預けようとは思わないため、そうした代替は進まない。しかし、多くの国で保育所の質がそこまで低いとは考えられない（むしろ高い）ため、現実的には保育所への代替が進むだろう。

3 保育政策の効果をどう測るか

　では、保育所の拡充政策、あるいは保育所利用の効果は、データをもちいてどのように検証することができるのだろうか。これまでに使われてきた因果関係を検証するための識別戦略は主に次の2つだ。1つ目の方法は、**差の差分析（DID）** を応用したものだ。多くの国々において、保育政策を実行に移すのは地方自治体だ。自治体間で保育所拡充のタイミングが異なることを利用して、政策効果を差の差分析で評価することができる。もう1つの方法は、保育所の利用資格の有無が子どもの年齢によって決まっていることを利用した**回帰不連続デザイン（RDD）** による識別だ。それぞれ順番にみていこう。

3.1　差の差分析(1)：一部の地域だけが保育改革

　差の差分析を使った保育政策の評価で最も単純なケースは、ある一部の地域だけが保育政策の変更（つまり保育改革）を行った場合だ。カナダのケベック州で1997年から2000年にかけて行われた保育改革がこれに当てはまる。この改革では、4歳までの子どもの保育料金を1日当たり5カナダドルまで引き下げたが、カナダの他の州では同時期に大きな保育改革などが行われなかった。

　図10.2には、ケベック州を介入群、その他の州を対照群として行われた差の差分析の結果を示している[2]。なお、図では保育改革のタイミングとして縦線が引かれているが、これは同研究でもちいたデータのもとになっている調査の第2回と第3回の間に改革がはじめられたことを示している。差の差分析では、仮にケベック州で保育改革が行われなかった場合の母親就業率の推移が、カナダのその他の州の母親就業率の推移と等しくなることを仮定

図10.2　差の差分析による保育改革の評価のイメージ

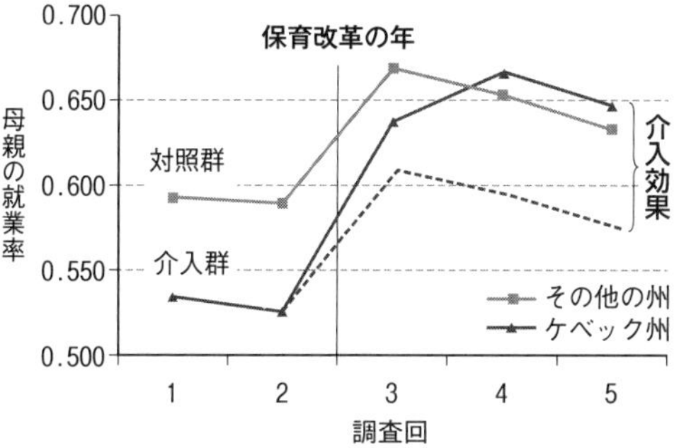

（出所）Baker, Gruber and Milligan（2008）、FIG 1より。

して、保育改革の効果を検証する。この仮定は、これまでもたびたび登場した**平行トレンドの仮定**だ。

　図10.2では、破線がケベック州で保育改革が行われなかった場合の母親就業率の推移だと仮定されており、これと実線で示された実際に観測された母親就業率との差が介入効果、つまり保育改革の効果とみなされる。

3.2　差の差分析⑵：全地域で保育改革

　カナダの事例のように、一部の地域だけが保育改革を行い、他の地域ではまったく改革を行わないというケースはかなりまれであり、日本を含む多くの国々では、すべての地域で大なり小なり保育改革が行われている。地域間で政策規模や実施のタイミングが異なる場合には、その地域差を利用して、政策効果の識別を行うことができる。

　その際には、政策そのもの以外の要因の影響を統計学的に除去しなければならない。具体的には、時間を通じて変化する家庭や地域の観測できる属性（たとえば、親の学歴や都道府県別の失業率）、

時間を通じて変化しない地域特有の要因をとらえる**地域固定効果**、年ごとの国全体に共通した政策や景気変動の効果をとらえる**年固定効果**といった要因を取り除く。推定にもちいられた計量経済学モデルの詳細は、巻末付録のパートA.1（227頁）を参照してほしい。

こうした分析方法は、保育改革の政策評価をするうえで最もよくみられるものであり、アルゼンチン[3]、スペイン[4]、スウェーデン[5]、オランダ[6]、ノルウェー[7]、日本[8]などの国々における研究で取り入れられてきた。

ただし、すべての地域で大なり小なり保育改革が行われたケースでも、先ほど説明したような単純な差の差分析を適用することはできる。たとえば、保育改革の規模に応じて自治体を大きな改革を行ったグループとそうでないグループに分け、前者を介入群、後者を対照群とした単純な差の差分析が行われている[9]。これは第3章5.1項（54頁）で取り上げた、ドイツで実施された保育政策が出生率に及ぼした影響を評価した研究でみたとおりだ。

この手法のメリットは、母親就業率の推移が視覚的にとらえやすくなることだ[10]。一方、デメリットは、本来連続変数であった保育改革についての介入変数を、改革の有無の2値変数に落とし込んでいるため、有益な情報を捨ててしまっている点だ。したがって、2つの方法を併用することで互いの利点を活かし、欠点を補うことが望ましい。

3.3 回帰不連続デザイン

差の差分析とは異なる識別戦略として、回帰不連続デザインによる政策評価も行われている。この手法では、保育所の利用資格が子どもの年齢で決められることが利用される。

たとえば、アメリカのジョージア州、オクラホマ州では公的な

保育所を利用できるのは、9月1日時点で4歳になっている子どもだ。したがって、8月生まれの子どもは保育所利用資格を満たす一方、同じ年の9月生まれの子どもは満たさない。月齢にわずかな違いがあることから生じた利用資格の有無を除くと、8月生まれと9月生まれの子どもたちの家庭環境にはほとんど差がないため、両者の母親の就業率を比較することで、保育所利用が母親の就業に及ぼす影響を知ることができるのだ[11]。こうした回帰不連続デザインによる因果関係の識別はアメリカ[12]に加えて、ドイツ[13]、フランス[14]などの国々における分析で取り入れられた。

　日本では、子どもが小学校に入学するようになると保育所は利用できなくなるが、この点を回帰不連続デザインに取り入れた分析が行われている[15]。小学生の授業後の保育は学童保育によって行われるが、学童保育も整備が不十分であるため、子どもが小学生になったとたんに保育手段をみつけることが難しくなる場合がある。

　図10.3の横軸には末子の子どもの年齢をとり、中央の縦線が小学校入学年齢を表している。日本の制度では、4月2日に6歳に達している子ども（縦線の右側）は小学校に入学できるが、それ以降に生まれた子ども（縦線の左側）はもう1年入学を待たなければならない。この図の縦軸には母親の就業率をとっており、右上がりの実線は、観測される子どもの年齢と母親就業率の関係を示している。この図は、学童保育を利用できないという問題があるために、母親の就業率が子どもの小学校入学と同時に不連続に下落するケースを念頭につくられている。この不連続に変化した母親就業率の下げ幅が、保育所を利用できなくなることの効果とみなせる。なお、この方法で推定できるのは、小学校入学前後の年齢の子を持つ母親の就業に対する効果であり、たとえば、3歳

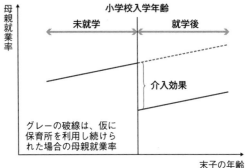

図10.3　回帰不連続デザインによる保育所利用の効果のイメージ

小学校入学年齢

未就学　　　就学後

母親就業率

介入効果

グレーの破線は、仮に
保育所を利用し続けら
れた場合の母親就業率

末子の年齢

の子どもを持つ母親の就業への効果は異なりうることには注意し
てほしい。

　こうした識別戦略が成り立つための仮定は、保育所が利用でき
る場合と、保育所が利用できない場合の両方について、母親就業
率が末子の年齢に対して連続に変化していく、すなわち母親就業
率が末子の年齢に対してなめらかに上昇（あるいは下降）するこ
とであり、突然ジャンプするような不連続的な変化が起こっては
いけないということだ。この仮定が成り立っているかどうかは直
接検証できないものの、間接的な方法で、仮定の妥当性を確認す
ることが望ましい。

　仮に親が子どもの誕生日を選んで出産しているならば、末子の
年齢分布が不連続に変化するため、上の仮定が成り立っていない
ものと考えられる。この点に着目した研究[16]では、学年で一番
年少となることを避けるために、本来ならば４月１日生まれとな
るはずの子どもが、４月２日生まれになっていることを示してお
り、日本においては実際に子どもの誕生日が操作されていること
が明らかにされている。ただし、これは子どもの正確な誕生日が
わかる際には気をつけるべき問題であるが、生まれ月までしかわ

からないようなデータをもちいる際にはあまり深刻な問題とならないだろう。データが月単位で集計されていると、母親就業率は子どもの月齢に対してなめらかに変化していくと考えられるためだ。

 4 実証分析が示す保育政策の効果

4.1 諸外国の保育改革の効果

すでに紹介してきたとおり、保育改革、あるいは保育所利用が母親就業に及ぼす影響を検証した研究は日本を含めたくさんの国々で行われてきた。この節では、特にヨーロッパやアメリカ等の先進国を対象とした数多くの研究から、総体として何を学ぶことができたのかを整理する。なお、日本についての研究は次の章で詳しく紹介する。このテーマの研究を概観するうえで最も強調したい点は、保育所利用の効果は国によって、そして一国内でも家庭によって、大きく異なるということだ。

たとえば、アルゼンチン[17]、カナダのケベック州[18]、スペイン[19]、ドイツ[20]といった国々では大きな就業促進効果が報告された一方、スウェーデン[21]、フランス[22]、オランダ[23]、ノルウェー[24]といった国々では保育改革は母親就業にほとんど影響しなかったと結論づけられている。

またアメリカ一国内にでも、シングルマザーであるかどうかといった点や、1980年と2000年といった時代の違いによって、保育所利用の効果が大きく異なることが報告されている[25]。

4.2 改革前の母親就業率

保育改革が母親就業率を大幅に引き上げたと考えられている国々に共通してみられる傾向は、改革前の母親就業率がもともと

低かったという点だ。この章の冒頭でも述べたように、南欧やドイツは保守的な家族観を持ち、ヨーロッパのなかでは女性の就業率が低いことで知られている。たとえば、スペイン[26]では末子が3歳である母親の就業率は、保育改革直前の1990年代前半で35％ほどにすぎなかったが、保育改革の結果、これが10％ポイントほど上昇した。ドイツ[27]も同様で、3歳時の母親の就業率は45％ほどと低かったが、1996年に行われた保育改革により、6％ポイント上昇した。

　一方、スウェーデンはもともと母親就業率が高く、2000年の時点で70％に達しており、そのうちフルタイム就業した母親は81％もいた。スウェーデン[28]は2002年に保育料金を大幅に引き下げる改革を行ったが、この改革は母親の就業行動にほとんど影響を及ぼさなかったことが明らかにされた[29]。

　こうした国ごとに異なる結果を得た背景にはさまざまな要因が考えられる。最も単純な点としては、そもそも保育改革によって母親就業率を上げる余地があるかどうかだ。スウェーデンの母親就業率は改革前にすでにかなり高い水準にあり、この時点で就業していない母親は、保育費用が制約になっているのではなく、本人の選好などの問題であった可能性が高く、その結果、政策に反応しなかったと考えられる。

　一方、母親就業率が低い国では、低価格で良質な保育所が利用できないことが母親就業の制約になっていることが多い。こうした国々では、保育改革で実質的な保育料金を引き下げることにより、就業を望む母親にとっての経済的な制約を取り除くことができるため、改革が大きな効果を持つと考えられる。

　ただし、母親就業率が低い国であっても、その理由が保育料金の高さにあるとは限らないし、そうであれば、無償化や補助などの保育改革は母親就業に対して大きな効果を持たないだろう。た

とえば、そもそも女性労働力に対する需要が低いであるとか、男女間賃金格差が大きいであるとか、母親の就業に対して人々が否定的な見方を持っているような場合だ。これらが母親の就業を阻んでいる主な要因である場合、たとえ実質的な保育料金が引き下げられても、母親就業率は必ずしも上昇しない。

　スペインでは保育改革が母親就業率を10％ポイントほど引き上げたが、当時は上記のような女性労働にとっての問題点を抱えていたため、仮にこうした問題点がなければ、より大きな効果をあげたかもしれない。

4.3　代替的な保育手段

　保育改革の効果を決めるうえで重要な要因としては、保育所以外に保育手段があるかどうかもあげられる。代表的なものは祖父母による保育であるが、それ以外にも、きょうだい・親戚、友人による保育や、有償のベビーシッターなどが考えられる。こうした代替的な保育手段がすでに利用されている場合、低価格、あるいは無料で保育所が利用できるような改革が行われても、子どもの預け先が祖父母やベビーシッターなどから保育所に置きかえられることがある。このように、公的資金で補助された保育所がそれ以外の保育手段を「押し出す」ことを、経済学では**クラウディングアウト**とよんでいる。

　保育政策上、クラウディングアウトが発生するか否かはきわめて重要だ。クラウディングアウトが起こる場合、子どもの預け先が変わるだけで母親の就業行動はほとんど変化せず、政府から母親への所得移転が起こるだけだからだ。また、保育改革により母親の就業率が統計的にも経済的にも有意に増えた場合であっても、こうしたクラウディングアウトは起こりうる。改革により、新たに保育所を利用するようになった母親たちの一部は、就業をはじ

めるようになったかもしれないが、他の母親たちは、改革が行われなければ別の保育手段を利用して就業していたと考えられるため、後者に対しては単なる所得移転となってしまう。これは、政策の費用対効果という観点からは望ましいとはいえない。

　大きなクラウディングアウトが起こった事例として有名なのは、ノルウェーのケースである。ノルウェーでは1970年代に保育所の拡充政策をとったが、それ以前から利用されていたベビーシッターなどの保育手段を押し出したにすぎなかったため、母親就業率にはほとんど影響がなかった[30]。同様の問題は日本でも生じた。未就学児を持つ母親の就業率は1990年時点で34%とかなり低かったにもかかわらず、1990年代からはじめられた保育所拡充政策は、母親就業率の上昇にほとんど寄与しなかった[31]。これは祖父母による保育を、保育所が押し出してしまったためだと考えられている。

　代替的な保育手段が利用できるかどうかは、子どもの年齢にも大きく依存する。一般的にいって、子どもの年齢が上がるにつれて大人1人でみられる子どもの数が増えることもあり、保育の選択肢が増える傾向がある。ノルウェーでも、子どもの年齢が幼い母親については、保育所利用が就業を増やす効果があったことが示されている[32]。こうした傾向はやはり日本でも確認されている[33]。日本では、子どもが3〜6歳の未就学児であれば幼稚園に通うことができる。幼稚園だけで母親がフルタイム就業するのは難しいと思われるが、パートタイム就業なら可能だ。また、幼稚園の利用に延長保育や祖父母による保育を組み合わせることでフルタイムの就業もできる。したがって、保育所利用が母親の就業に及ぼす効果は、子どもが0〜2歳児の母親については大きいものの、子どもが3〜6歳児の母親に対してはかなり小さい。

4.4 非労働所得

母親の就業促進効果を考えるうえで、育児休業給付金や児童手当、保育控除といった政府などから得られる**非労働所得**が重要だと指摘されている[34]。すでに非労働所得が高い場合、そこからさらに保育費用に対して補助金を支払っても、非労働所得全体に占める保育補助の割合が小さいため、大きな就業促進効果は期待できない。実際、保育改革の効果は、こうした家族政策が充実した北欧諸国ではあまり効果がみられなかったのに対し、アメリカやイギリスなど公的な扶助に乏しいアングロサクソン系の国々では大きな効果が報告される傾向がある。

家族政策の手厚さは、子どもの年齢や家族構成などによって異なるため、保育所利用の効果は同じ国のなかでも家族間で異なりうる。たとえばフランスでは、子どもが2歳である場合と比べ、3歳である場合の保育所利用の効果が大きいことが報告されている[35]。子どもが3歳になると児童手当が支払われなくなるため、保育費用への補助が家計にとって相対的に重要になってくる結果、母親の就業が増えると考えられている。

家族政策同様、配偶者の存在も非労働所得に影響する。また、配偶者のいる母親と比べてシングルマザーのほうが、保育費用への補助に応じて労働供給を増やす傾向があることが確認されている[36]。これは、シングルマザーは母親にとっての非労働所得にあたる配偶者の収入がないためだと考えられている。

5 おわりに

この章では保育改革、ないしは保育所利用が母親の就業に及ぼす影響を評価した国内外のさまざまな研究を紹介した。この分野における政策効果の評価には、大きく分けて2つの実証分析の手

法が使われてきた。1つ目の方法は、「差の差分析」だ。多くの国々で、保育改革は地方自治体レベルで実行されるが、その展開の速さは自治体間で異なる。この違いを利用することによって、政策の効果を測るのが基本的な発想である。2つ目の方法は、「回帰不連続デザイン」だ。ほとんどの国で、保育利用資格は子どもの年齢で決められているため、ほぼ同年齢の子どもの間でも利用資格の有無が異なることを利用して政策の効果を測る。

これらの手法を活用し、さまざまな国で保育改革や保育所利用の効果が検証されてきたが、そこから得られた知見は以下の4点にまとめられる。

(1) 介入効果は国によって大きく異なるだけでなく、一国内においても家庭の属性によって異なりうる。

(2) 改革前の女性就業率が低い国ほど、保育改革の効果は大きくなる傾向がある。

(3) 祖父母による保育など、保育所以外の保育手段が広く利用されている場合、保育改革を行っても、その効果は限られたものになる。

(4) 非労働所得の少ない家庭ほど、保育改革の効果が大きく出る傾向がある。児童手当などの公的扶助を受け取れない家庭、あるいはシングルマザーであるために配偶者の収入がない家計にとっては、低価格、あるいは無料の保育所を利用できることの効果は大きい。

保育改革が母親就業に及ぼす影響については、ここ20年の研究蓄積により理解が大きく進んだものの、未解明な点も残っている。1つ目は、具体的なプログラムの内容により、介入効果に違いがあるのかという点だ。たとえば、フルタイムの保育のほうが、パートタイムの保育よりも母親の労働供給に及ぼす影響は強いと思

われるが、上記のような要因の有無によっては、両者の間には大きな違いがないかもしれない。日本でも保育所と幼稚園では、子どもを預かる時間や、その教育内容などにも違いがあるため、両者はどの程度、代替的な関係にあるかは必ずしも明らかではない。

そして、保育の質も介入効果に影響を及ぼすかもしれない。保育改革で保育所が無料で利用可能になったとしても、その質が十分なものでなければ、母親は子どもを預けようとしないだろう。これまでの実証研究では、保育所の質が低いために利用が進まなかったという事例は報告されていないが、質は保育需要に影響を与える重要な要因である。日本の保育所にも認可保育所と無認可保育所があり、利用料だけでなく、その質にも少なからず違いがあると認識されているが、こうした違いが母親の就業に及ぼす影響がどのようなものであるかはわかっていない。

2つ目の未解明な点は、保育政策の費用対効果だ。多くの国々で、保育所利用には補助金が支払われているが、それを正当化する論理の1つには、母親の労働所得増加を通じて税収も増えるというものがある。しかし、保育改革が、祖父母やベビーシッター等による代替的な保育手段を市場から押し出してしまう場合、母親の労働所得は変化せず、所得移転が発生するだけである。このクラウディングアウトの大きさに応じて、保育改革の費用対効果が変わるのだ。

加えて、女性の就業率向上をねらう政策は保育政策以外にもさまざまにあるため、そうした諸政策とどのように組み合わせるべきなのかといった視点も必要である。実際の政策では、複数の手段を組み合わせることで目標を達成しようとすることが多いが、多くの研究では分析を容易にするため、ある1つの政策介入に注目している。そのため、政策の組合せという問題が明示的に分析対象となることは少ない。もちろん、女性の就業率向上だけが保

育政策や、他の家族政策の目的ではないが、所与の目標に対して、最も費用対効果が大きい政策の組合せとは何かを考える必要があるだろう。

🎓 数学補論：母親の就業意思決定の理論

ここでは、本章2節（176頁）で解説した母親の就業意思決定に関する理論モデルの詳細を解説する。無料、あるいは低価格で保育所が利用できるようになることが、母親の就業にどのような影響を与えるのかを理解するための枠組みだ。理論モデルなので、当然、複雑な現実をかなり単純化したうえで議論を進めるが、重要な点についてはモデルと現実の対応を補足しながら解説する。

1　消費と余暇時間の決定

図10.4は労働経済学で標準的に使われる消費と余暇の決定図式で、横軸は余暇時間、縦軸は消費を表している。1人当たりの可処分時間を $\overline{L}$ とし、これを労働と余暇のいずれかに振り分けると考えるため、余暇時間 L が決まれば、自動的に労働時間も $\overline{L}-L$ として定まる。

労働者の選好を表す無差別曲線は I^A、I^B であり、右上方向に行くにしたがって、効用はより高くなる。つまり、この労働者にとっては、I^A よりも I^B のほうが高い効用を与える消費と余暇時間の組合せを示している。

続いて、予算制約を考えよう。労働者がまったく働かなければ、すべての時間は余暇となるため、グラフにおける横座標（余暇時間）は $\overline{L}$ となる。まったく働かない場合でも、非労働所得を得ていれば消費はゼロとならない。母親の就業を考える場合、配偶者の所得の一部や児童手当などの補助金を非労働所得とみなすことができる。

ここで、まったく働かない場合の消費と余暇の組合せが点 A で与えられる労働者を考えよう。この労働者の余暇時間はもちろん $\overline{L}$ だが、

図10.4　保育費用に補助金が支払われることで労働供給が始まるケース

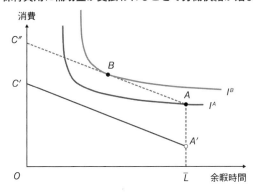

非労働所得があるので消費は正の値をとる。この労働者が市場労働を
はじめ、その労働時間を増やしていくにつれて、達成可能な消費と余
暇の組合せは点線に沿って左上方向に進んでいく。働く時間が増える
ということは、余暇時間が減って、所得が増えることを通じて消費が
増えることになるからだ。したがって、この破線の傾きは時間当たり
賃金（にマイナスの符号をつけたもの）となっている点にも注意して
ほしい。

　そして、労働者の最適解は予算制約線 AC'' と無差別曲線 I^B が接す
る点 B で与えられる。こうしてみると、労働供給行動も入門レベルの
ミクロ経済学で登場する２財モデルの枠組みに収めることができるこ
とがわかるだろう。カギとなる点は、労働時間ではなくて余暇時間を
明示的に考えることと、予算制約の定式化だ[37]。

2　保育費用無償化の効果

■ 保育所の利用を考慮したモデル

　さて、保育サービスの利用料（保育費用）がある場合の労働供給問
題を考えてみよう。幼い子どもを抱える母親の就業行動をモデル化す
る方法はいくつか考えられるが、そのうちの１つは、保育費用を労働

供給のための固定費用とみなすやり方だ。

　保育費用は労働の固定費用であるから、まったく働かなければ支払わないものの、少しでも働くと、ただちに保育費用を支払わなければならない。ここで、図10.4の保育費用を点 A と点 A' の縦軸における座標の差とすると、保育費用がある場合の予算制約は点 A と線分 $A'C'$（そのうち点 A' は除く）で与えられる。

　ここでは非労働所得が保育費用を上回っているケースを考えているが、保育費用のほうが高くなることも当然ありうる。その場合、消費がマイナスの部分を持つような予算制約線となってしまう。また、待機児童問題が存在する日本では、お金はあっても十分な質を保った保育所をみつけられない母親もいるだろう。この理論モデルの枠組みで考えると、そうした母親の直面する保育費用は無限大だと表現することもできる。

■ 母親の労働供給が増えるとは限らない

　無差別曲線が I^A で与えられる母親について考えてみよう。この母親の最適点は点 A で与えられる。つまり、この母親は労働供給を行わない。

　では、補助金によって保育費用が無料になったら、この母親の労働供給はどのように変わるだろうか。前掲の図10.4において保育費用が無償化されると、新たな予算制約は線分 AC'' で与えられる。このとき、母親にとっての最適点は点 B であり、対応する無差別曲線は I^B で与えられる。よって、補助金が支払われることで、この母親は労働供給を行うようになるのだ。

　もちろん、人によって賃金や非労働所得や選好が異なるため、保育費用に対して補助金が支払われるようになることの効果も異なるだろう。賃金が高いほど、非労働所得が低いほど、あるいは余暇と比べて消費に対する選好が強いほど、補助金に対して強く反応して労働供給を増やすと考えられる。逆に、賃金が低い、非労働所得が高い、余暇に対する選好が強い、などが成り立つ場合には補助金が支払われても労働供給を行わないと考えられる。

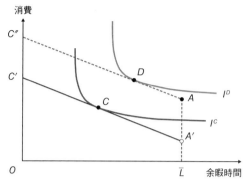

図10.5　保育費用に補助金が支払われることで労働供給が減るケース

さて以上では、保育費用が障害になって労働供給を行わない母親について考えてきた。保育費用に対する補助金が母親の労働供給に与える効果を論じる場合、暗黙のうちにこのような場合だけが想定されることが多い。しかし、別の可能性もある。

図10.5では、同じ予算制約に直面しているが、異なる無差別曲線を持った母親を想定している。保育費用に対する補助金がない場合の最適点は点Cであり、この母親は、補助金がなくても労働供給を行っている。ここで補助金が支払われるようになると、新しい予算制約のもとでの最適点は点Dとなり、余暇時間が増えている。つまり、労働時間が減っていることがわかる。補助金は非労働所得の増加であるから、それにより**所得効果**が発生することで余暇需要が増えるためだ。

■ **代替的な保育手段がある場合**

ここまでは、保育といえば保育所の利用を想定してきたが、現実には代替的な保育手段がさまざまに存在する。日本を含む多くの国々では祖父母に子どもを預けて働く母親が少なくない。また、祖父母以外のきょうだい、親戚や友人に預ける例もある。

こうした状況を考えるには、祖父母などによる代替的な保育手段と保育所の質には差がないと考えるとよい。また、祖父母に子どもを預

ける場合、大きな金銭的費用が発生しないことが多いだろうから、点Aと点A'の縦軸の座標の差で表される保育費用は小さくなると考えられるが、この点は議論にほとんど影響しない。

　こうした状況のもとで保育所が拡充されるなどして、補助金により無料あるいは低価格で保育所が利用できるようになった場合の母親の労働供給の変化を考えるには、図10.5に当てはめるとよい。保育所が無料で利用できるようになるまでは、祖父母などによる保育を利用して労働供給を行っており、その最適点は点Cで与えられる。一方、保育所が利用できるようになると、そちらを利用するようになるから、新たな最適点は点Dで与えられる。つまり、保育所を充実させ、さらに利用料に補助金を支払ったとしても、母親の労働供給の増加に必ずしもつながらないのだ。

☞ 注

1) OECD Employment Outlook 2019.

2) Baker, Gruber and Milligan（2008）.

3) Berlinski, Galiani and Gertler（2009）.

4) Nollenberger and Rodríguez-Planas（2015）.

5) Lundin, Mörk and Öckert（2008）.

6) Bettendorf, Jongen and Muller（2015）.

7) Havnes and Mogstad（2011）.

8) Asai, Kambayashi and Yamaguchi（2015, 2016）, Nishitateno and Shikata（2017）, Yamaguchi, Asai and Kambayashi（2018a）.

9) Havnes and Mogstad（2011）.

10) このことは、改革前に平行トレンドの仮定が成り立っているかどうかを容易に確認することができることを意味する。

11) Fitzpatrick（2010）.

12) Fitzpatrick（2010, 2012）, Gelbach（2002）.

13) Bauernschuster and Schlotter（2015）.

14) Goux and Maurin（2010）.

15) Takaku（2019）.

16) Shigeoka（2015）.

17）Berlinski and Galiani（2007）.

18）Baker, Gruber and Milligan（2008）, Haeck, Lefebvre and Merrigan（2015）, Lefebvre and Merrigan（2008）.

19）Nollenberger and Rodríguez-Planas（2015）.

20）Bauernschuster and Schlotter（2015）.

21）Lundin, Mörk and Öckert（2008）.

22）Givord and Marbot（2015）, Goux and Maurin（2010）.

23）Bettendorf, Jongen and Muller（2015）.

24）Havnes and Mogstad（2011）.

25）Fitzpatrick（2012）.

26）Nollenberger and Rodríguez-Planas（2015）.

27）Bauernschuster and Schlotter（2015）.

28）Lundin, Mörk and Öckert（2008）.

29）推定値の標準誤差が小さいために結果が統計的にも有意でないだけでなく、その効果量も経済的な観点からみると有意でなかった。

30）Havnes and Mogstad（2011）.

31）Asai, Kambayashi and Yamaguchi（2015）.

32）Andresen and Havnes（2016）.

33）Nishitateno and Shikata（2017）, Yamaguchi, Asai and Kambayashi（2018a）.

34）Cattan（2016）.

35）Goux and Maurin（2010）.

36）Cascio（2009）, Fitzpatrick（2010）, Goux and Maurin（2010）.

37）こうした表現に馴染みがなく、より深く学びたい読者は、川口（2017）などの標準的な労働経済学の教科書を参照してほしい。

第 11 章

保育制度の意図せざる帰結とは？

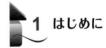

1 はじめに

　第1章の冒頭でも述べたように、合計特殊出生率がそれまでの過去最低の値である1.57を更新した1989年を契機に、日本政府は現在にいたるまでさまざまな少子化対策を講じてきた。少子化対策の中心にあるのは、女性の仕事と子育ての両立支援であり、なかでも認可保育所の拡充が重視されてきた。そうした取り組みには、実際のところどの程度の効果があったのだろうか。

　この章では、日本における保育所の拡充が母親の就業に与えた影響を評価した筆者自身の一連の研究[1)] を解説する。筆者らが2015年に出版した研究以前は、同一時点における都道府県比較による研究が中心であった。そこでは、保育所の整備が進んでいる県ほど母親の就業率が高いという傾向がみられるため、保育所の拡充は母親の就業を増やすと考えられてきた。しかし、こうした理解は必ずしも正しくない。

　保育所の拡充が母親の就業を増やさなかったとしても、両者の間には正の相関関係が成り立ちうる。たとえば、保守的な価値観を持つ地域では、母親が働くことに否定的な態度がとられるため、保育所の整備も進んでいない傾向がある。一方、伝統的に母親の就業が当たり前とみなされている地域では、共働きの家庭を支えるために保育所の整備を進めてきた。つまり、地域の価値観が、

母親の就業と保育所の整備の双方に同時に影響を与えているために、両者に正の相関がみられたのであり、保育所の整備が原因で母親の就業が増えたとは限らないのだ。

　日本の保育政策が母親就業に及ぼした影響を考えるうえでもう１つ重要な点は、保育の利用調整制度の「意図せざる帰結」だ。待機児童が発生している地域では、児童福祉法第24条第３項の定めにしたがい、認可保育所を利用できる家庭を決めるために、家庭の事情に応じて優先順位をつけており、この仕組みを「利用調整」とよんでいる。この利用調整ルールのもとでは、すでにフルタイムで働いている人が高い点数を得る一方で、パートタイムで働く人や、まだ仕事を探している人には低い点数しか与えられない。

　すべての人に当てはまるわけではないが、フルタイムの職に就いている人は、家計所得が高く、親や親族からの手助けもあり、認可保育所が利用できない場合でも就業できる傾向がある。もちろん、そうした人にとっても子育てと仕事の両立は大変な苦労であり、認可保育所が利用できれば負担軽減につながるが、パートタイムで働く人や、職探し中の人には、認可保育所以外の代替的な保育手段が使えない人がより多い傾向がある。したがって、保育所の利用層と未利用層で、保育所利用の母親就業に対する効果は大きく異なる可能性が高い。ひょっとすると、利用調整というプロセスは、母親就業に対する効果の小さい層をわざわざ選び出して、そこに保育所利用枠を割り当てているかもしれないのだ。

　もちろん、子育てと仕事の両立は誰にとっても大変な苦労であり、すべての希望する親が保育所を利用できるようにするのが理想的である。しかし、非常に複雑かつ厳密な手続きである利用調整という仕組みが、本当に保育を必要としている家庭をかえって遠ざけてしまっているという可能性は検証に値する。

以下では、分析の対象となった2010年頃までの日本の保育所と保育制度を確認する。次に、保育政策や保育所利用が母親就業に与える影響を検証するための実証分析の考え方を紹介する。特に、都道府県単位の集計データをもちいた保育政策の効果の分析と、家計ごとのデータをもちいた保育所利用がもたらす効果の分析について解説する。それらをふまえて、日本の利用調整がもたらしているかもしれない意図せざる結果について考えていこう。

 2　日本の保育制度と利用調整

この節では、2010年頃までの制度的背景を説明する。2020年現在の制度や統計とは必ずしも一致しないので、その点は注意してほしい。

2.1　保育所と保育制度の概要

保育所は0～6歳の未就学児を対象としている。保育所には、幼児教育施設としての機能もあるが、その主な役割は、「仕事などの事情で自ら子どもの世話をすることのできない両親から子どもを預かり、安全かつ健康的な環境で育てること」である。

こうした事情から、保育所の利用は1日当たり7～10時間のフルタイムが基本であり、厚生労働省の「21世紀出生児縦断調査」によると、7時間に満たない利用は全体の10％もいない。ほとんどの子どもは週5日の利用であり、週6日の利用者も18％にのぼる。一方、週4日以下の利用は、全体の9％にすぎない。

保育所と類似の施設に幼稚園があるが、母親の就業を考えるうえでは次のような違いが重要である。まず、幼稚園を利用できるのは3～6歳の未就学児であり、0～2歳の子どもは幼稚園を利用できない。また、幼稚園の多くは、保育所に比べると短時間し

か子どもを預からないため、幼稚園の利用だけで母親がフルタイム就業をするのは難しい。そして、自治体レベルでみると、幼稚園には十分な利用者の枠があり、保育所における待機児童のような問題はほぼ存在しない。

　日本の保育所は、「認可」と「無認可」に大きく分けられる。認可保育所は、児童福祉法で定められた基準を満たし、都道府県知事等によって認可された保育所である。認可保育所には、日本政府と都道府県、そして市町村の三者から補助金が支払われており、実際の利用者負担率はおよそ4割となっている（制度上の負担率は5割）。実際の利用料金は、子どもの年齢や自治体、保育所を利用しているきょうだいの有無、家計所得によって異なるが、認可保育所の月額平均料金は2万8408円である。厚生労働省の「国民生活基礎調査」によると、保育所に通っている子どもの94％は認可保育所を利用しているが、残る6％の子どもたちは無認可保育所の利用者である。都道府県や市町村といった自治体によっては独自の制度が整っており、その基準を満たすことで、無認可保育所であっても自治体からの補助金を受けることができる。

　上記のように、分析時点ではほとんどの子どもが認可保育所を利用していたため、以下では特に断りがない場合、「保育所」は認可保育所のことを指す。

2.2　利用調整

　保育所を利用できるのは、両親か同居する65歳未満の親族が何らかの事情で子どもの保育を行えない場合に限られている。認められている事情には、日中の就労、出産、障害、介護、通学、求職活動などがあるが、94％の利用者は日中の就労を理由としている。

　保育所が受け入れ可能な人数を超える申し込みがあった場合には、冒頭で触れた**利用調整**とよばれる手続きを経て、実際の利用

表11.1　保育所の入所選考基準の一部

理由		区分
居宅外労働	月20日以上かつ1日8時間以上、働いている	A
	月16日以上かつ1日7時間以上、働いている	B
	月16日以上かつ1日4〜7時間、働いている	C
	月16日以上かつ1日7時間以上の仕事に内定している	D
	月16日以上かつ1日4〜7時間の仕事に内定している	E
居宅内労働	同じ労働時間でも、居宅外労働より1ランク下	
産前産後	出産予定日の前後8週間	D
心身の障害	身体障害者手帳1〜2級など	A
通学		D
休職中	3カ月まで	G
ひとり親世帯		A

（出所）「平成22年横浜市青葉区保育所入所のしおり」12頁より。

者を決める。利用調整では、各自治体が基準を定め、特に必要性の高いと思われる家庭に利用枠を割り当てるが、その基準には自治体間での大きな違いはみられない。

　代表的な例として、人口380万人を擁する横浜市の利用調整の概要をみてみよう。表11.1に示したように、居宅外労働の場合、月20日以上かつ1日8時間以上働いているフルタイム勤務ならば、一番高いランクAが与えられる。月当たりの労働日数や、1日当たりの労働時間が低くなるにつれ、ランクは次第に下げられる。また居宅内労働の場合には、居宅外労働と同じ労働時間でも、1段低いランクが与えられる。労働時間は、保育所利用申込み1カ月前の状態に基づいて評価され、雇い主による証明書が必要だ。

　注意すべき点は、仕事が内定していても、実際に働きはじめていない場合にはDやEといった低いランクとなることだ。同様に、休職中でも保育所利用資格はあるものの、そのランクはGと最も低い。この選考基準では、すでに働いている人のほうが、これから新たに仕事をはじめようとしている人よりも有利に扱われることになる。後にみるように、こうした選考基準は、保育所

の増設が女性就業の増加になかなか結びつかないことに対する1つの理由になっていると思われる。

労働時間以外では、身体障害者手帳1～2級の交付を受けていることや、ひとり親世帯であることは重視されており、こうした条件を満たす場合には一番高いランクAが付与される。

同一ランクの家庭が多数存在する場合には、世帯状況やきょうだいの状況などに応じてさらに細かく優先順位をつけ、最終的な利用者を決定する。

あまり知られていないが、家計所得は利用料金には影響するものの、保育所の入所選考基準では重視されていない。例外は、生活保護を受けていることと、生計中心者が失業していることであり、これらに該当すれば1段高いランクに繰り上げられる。それ以外では、上で述べたような世帯状況やきょうだいの状況などがまったく同一の家庭のなかから利用者を決めなければならない際に、最後の基準として家計所得がもちいられる。

2.3 待機児童解消に向けての取り組み

第7章の3.2項（125頁）で詳しく述べたように、待機児童の問題と保育所の不足は1990年代前半から社会問題として認識され、さまざまな施策を経て2003年の「少子化対策基本法」の施行を機に対策が本格化し、2000年から2010年にかけて保育所定員数は12%上昇した。

保育所定員増にかかる費用の半分は国が負担するが、残りの費用は利用者と自治体で負担するため、実際に保育所をどの程度増やすかは自治体によって大きく異なった。この章で紹介する分析では、一連の保育政策による、子ども1人当たりの保育所定員数の自治体間での差の変化を利用して、保育所利用の母親就業に対する保育政策の効果を検証している。

3 保育政策と保育所利用をとらえるデータ

保育所の定員数に関する情報は、厚生労働省の「福祉行政報告例」から得た。この調査はすべての都道府県と、政令指定都市、中核市が対象となっている[2]。また、一部の自治体では独自に年齢別の保育所定員数を発表しているが、全国レベルで入手可能な情報は0〜6歳の全年齢を合計した定員数である。

ある地域に住む0〜5歳の子ども人口は「国勢調査」から得た。「国勢調査」の実施は5年に一度なので、調査が行われない年の子ども人口は、その前後の調査を利用して数字を補っている[3]。

冒頭でも述べたように、この章では都道府県レベルの集計データと家計レベルの個票データをもちいて分析する。都道府県レベルのデータをもちいた分析では、「国勢調査」で報告されている母親就業率や三世代同居率を使った。一方、家計レベルのデータは、「21世紀出生児縦断調査」の個票をもちいた。この調査では、2001年、あるいは2010年のある特定の2週間に生まれた子どもたち8万人余りを出生後から毎年追跡調査している。このデータでは、保育所の利用状況や、両親の就業状況、子どもの健康、発達に関する指標が得られる。注意すべき点として、2001年出生のコーホートについては、利用した保育所が認可か無認可かの区別がなされていないことである。

4 都道府県データと家計データによる実証分析

まずは、「国勢調査」などによって得られる、都道府県や市町村によって定義される地域レベルでの集計データを使った分析について説明する。この場合に適用できるのは、**差の差分析**

（**DID**）だ。ここで知りたいのは、未就学児1人当たりの保育所定員数（以下、保育所定員率）の母親就業に対する影響である。地域間で保育所定員率の伸びが異なることを利用し、それがどの程度母親就業を変化させたのかを検証する。

　もちろん、さまざまな要因が母親就業に影響を与えうるので、それらの影響は統計的に除去しなければならない。具体的には、「県民性」といった言葉で表されるような地域における女性就業に対する価値観などが含まれた、時間を通じて変化しない**地域固定効果**と、景気変動や政策の影響など全国共通の**年固定効果**である。

　ここでは差の差分析を行うことの重要性を改めて強調しておきたい。より単純な1時点における地域間比較では正しく政策効果を知ることができない。保育所定員率が高い地域ほど、母親就業率が高いといった傾向はよく知られている。しかしこれは、保育所定員率が高いことを原因として、母親就業率が高いという結果を得たことを必ずしも意味しない。たとえば、女性就業を肯定的にとらえる価値観が地域で共有されているとしよう。そうした地域では、当然、母親就業率は高くなるだろうし、さらには保育所設置に対して地域からの理解も得やすいだろう。つまり、真の原因は地域における女性就業に対する価値観であって、それが高い母親就業と高い保育所定員率という2つの結果を得ているのだ。

　差の差分析では、地域内における時間を通じた差（保育改革以前と以後の比較）に着目することで、時間を通じて一定とみなせる「県民性」、あるいは地域固定効果の影響を除去することで、こうした問題を回避している。こうした点については後にグラフで確認する。

　続いて、「21世紀出生児縦断調査」など家計レベルのデータをもちいる際の分析について説明する。といっても、基本的な分析

の方法は集計レベルのデータをもちいる場合と大差ない。やはり、差の差分析を適用して政策の効果を測ることになる。

最大の違いは、家計レベルでのデータでは、ある家計について母親の就業と保育所利用が同時にわかるため、保育政策の効果ではなく、実際の保育所利用の効果を分析することができる点だ。また、保育所利用が母親就業に及ぼす影響は人によって異なると予想されるが、そうした個々人の違いも明らかにすることができるのが、家計レベルのデータをもちいることの利点だ。

巻末付録のパートA.1（227頁）とA.2（232頁）では、これらの計量経済学モデルの詳細について説明しているので、関心のある読者は参照してほしい。

5　実証分析が示す保育政策と保育所利用の効果

5.1　都道府県データをもちいた分析

■グラフによる確認

回帰分析の結果をみる前に、まずはグラフで、おおよその傾向を把握しておこう[4]。図11.1は、2000年の「国勢調査」をもちい、都道府県別に保育所定員率と、末子の年齢が6歳未満である母親の就業率をプロットしたものである。1つひとつの円は都道府県であり、その半径は子ども人口を表している。

このグラフをみるとはっきりした右上がりの傾向があり、保育所定員率が高い都道府県ほど、母親就業率も高いことがわかる。この正の相関関係をもって、「保育所を増やすことが母親就業を引き上げる」という因果関係が主張される場合もあるが、必ずしもそうではない。女性就業に肯定的な気風のある地域では、女性就業はもちろん高いだろうが、それを支えるための保育所も充実している。この点をふまえると、気風・価値観などを含めた地域

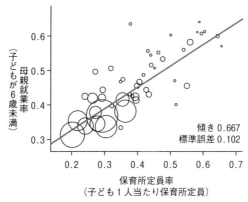

図11.1 保育所定員率が高い都道府県ほど母親就業率が高い

（出所）総務省統計局「国勢調査」2000年より。

固有の事情を、地域固定効果としてコントロールしなければ、因果関係について踏み込んだ判断はできないことがわかる。

　図11.2では、2005年から2010年にかけての保育所定員率の伸びと、母親就業率の伸びをプロットした。両方の変数について、伸びをとっているので、時間を通じて変化しない地域特有の事情、つまり地域固定効果は除去されている。ひとたび地域固定効果を除去すると、図11.1でみたような明確な相関関係は消えてしまう。傾きはほとんどゼロであり、統計的にも確かな傾向はみられない。つまり、このグラフは、保育所を増やせば母親就業率が上がるという見方を支持していないのだ。

■ 回帰分析

　グラフではデータの大まかな傾向を直観的に把握することができるが、さまざまな要因を同時にコントロールするためには回帰分析が便利だ。回帰分析の結果について、詳細は章末の「推定結果の詳細」（213頁）で解説しているので、関心のある読者はそちらを参照してほしい。データには1990年から2010年にかけての

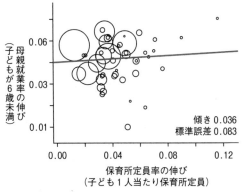

図11.2　保育所定員率が伸びても母親就業率は伸びていない

母親就業率の伸び（子どもが6歳未満）

保育所定員率の伸び（子ども1人当たり保育所定員）

傾き 0.036
標準誤差 0.083

（出所）総務省統計局「国勢調査」2005、2010年より。

「国勢調査」をもちいており、観測単位は都道府県で、末子年齢が0〜6歳の二人親家庭が対象である。観測値は世帯数で重みづけをしている。

　分析ではまず、保育所定員率が上がれば、実際の入所率がほぼ1対1で上昇しており、保育所の枠が無駄なく活用されていることを確認した。そのうえで、保育所定員率が母親就業率に与える影響を評価すると、先ほどみた図11.2のグラフと同じ結論が得られた。つまり、母親就業はほとんど増えていないことが改めて確認された。

　なぜ保育所定員率を上げても、母親就業率は上がらなかったのだろうか。保育所を利用するためには、両親の就業が求められている場合がほとんどであるから、この結果は不思議に思えるかもしれない。この謎を解くカギは、祖父母の存在である。「国勢調査」では、核家族か三世代家族かを知ることができるので、母親の就業と家族構成によって、世帯を4つのグループに分けることができる。これらをもちいて分析すると、保育所定員率が上がる

と、母親が就業している核家族の割合が増える一方、母親が就業している三世代家族の割合が減っていることがわかる。

　ここからわかるのは、保育所が利用しやすくなっても、子どもの預け先が祖父母から保育所に変わるだけで、母親就業そのものにはほとんど影響を与えていないことだ。つまり前章の4.3項（185頁）でも指摘したように、公的な保育が、私的な保育を押し出してしまう**クラウディングアウト**が起こっているといえる。祖父母よりも保育所に預けるほうが母親の働きやすさという点では勝っているかもしれないが、母親就業に着目した場合には、当時の保育所定員率の上昇はほとんど影響を与えなかったようだ。

5.2　家計データをもちいた分析

　先に紹介した分析では、保育所のクラウディングアウト効果という新しい論点を日本の保育政策研究に持ち込んだが、いくつかの点は十分に明らかにされていない。第1に、三世代同居が減少した近年においては、このクラウディングアウト効果は弱まっており、保育所の母親の就業支援効果が出はじめてきているのではないか、という点だ。先にも述べたとおり、ここでは1990年から2010年にかけての「国勢調査」をもちいているが、この20年間で三世代同居は大きく減少しており、祖父母から保育所への代替は起こりにくくなっている可能性がある。もしそうならば、近年では、保育所が増えてもクラウディングアウトが起こらず、一定の効果を見いだせるかもしれない。

　第2に、保育所の就業支援効果は、子どもの年齢によって違うのではないか、という点だ。この研究では、末子の年齢を0〜5歳でまとめて分析を行っているが、保育所以外の保育の選択肢は子どもの年齢によって異なる。たとえば、3〜5歳の子どもであれば、幼稚園に通うことができるため、保育所を利用しなくても

母親の就業は可能だ。こうした家計に保育所利用枠を割り当てても、クラウディングアウトが起こるだけで、母親就業は増えない。一方、保育所以外に代替的な保育手段を利用できない家計の場合、保育所利用枠が割り当てられることによって、母親就業が増えるだろう。

　第3に、利用調整は本当に保育所を必要としている家庭に割り当てているのか、という点だ。もちろん、何をもって「本当に必要」としているのかを判定するのは容易ではないが、保育所以外の保育手段に乏しい家庭は、保育の必要性が高いといえるだろう。仮に自治体がこうした家庭を優先して保育所の利用を許可していたならば、クラウディングアウトは起こらず、保育所の就業支援効果は高くなるはずである。しかし、実際には、それが「意図せざる結果」であったとしても、祖父母などによる保育を利用できたと思われる家庭ばかり優先してしまい、クラウディングアウトが起こった結果、就業支援効果がデータに現れてこなかったと思われる。

　これらの3点に取り組んだのが、筆者らが2016年と2018年に出版した研究[5]だ。前者の研究では、分析期間を1990年代と2000年代に分けた結果、2000年代には、弱いながらも保育所の母親就業支援効果があることが確認された。また後者の研究では、子どもの年齢別に保育所利用の効果を検証し、子どもの年齢が低いほど、保育所が母親就業率を上げる効果が高いことを明らかにした。さらに、あとで説明する「限界介入効果」という指標を求めることで、保育所の実際の利用者層よりも、未利用者層のほうが、保育所利用の母親就業率に対する効果が高いことがわかった。以下では、筆者らが2018年に出版した研究の主要な結果を紹介しよう。

■ 回帰分析

　この研究では、「21世紀出生児縦断調査」から得られた家計レ

ベルのデータをもちいて、母親就業率に対する保育所利用の効果を、子どもの年齢別に分析している。その結果、子どもの年齢にかかわらず保育所利用は母親の就業率に対して引き上げ効果があったものの、その効果の強さは子どもの年齢とともに小さくなることがわかった。子どもの年齢が上がるにつれて介入効果が弱くなる原因は、子どもが育つにつれて、保育所以外の代替的な保育手段が増えていき、保育所の利用はこうした代替手段を置きかえてしまうためだと思われる。特に、3歳を超えると幼稚園に通うこともできるようになるから、一部の母親はすでに就業しており、保育所を利用したとしても介入効果が弱くなるのだろう。

この研究では、**限界介入効果**（marginal treatment effect：**MTE**）とよばれる指標も推定している。この手法をもちいると、保育所を利用しやすい立場にある人と、そうでない人の間で保育利用の効果がどのように異なるのか知ることができる。日本において、保育所を利用しやすい立場にある人とは、すでに就業している人で、とりわけフルタイムの仕事を持っている人である。限界介入効果の経済学的な解釈や推定のための計量経済学的手法はかなり高度なので、分析手法の詳細に関心のある読者は巻末付録のパートB（235頁）をみてほしい。また、推定結果の詳細は章末（216頁）にまとめているのでそちらも参照してほしい。

分析からは、保育所を利用しやすい立場にある人ほど母親就業に対する効果が弱く、逆に、保育所を利用しにくい立場にある人ほど母親就業に対する効果が強いことがわかった。この背景にあると考えられるのが、保育の利用調整ルールである。当時の利用調整ルールでは、育休も含め、すでにフルタイムで働いている人が高い点数をとるようにできている。こうした家計に保育所利用を許可しても、母親はすでに働いていることが多いため、母親就業率の増加につながりにくい可能性がある。逆に、職探し中の人、

内定を得た人などは保育所が利用できれば就業が可能になるため、こうした層に対する保育所利用の就業支援効果は高いかもしれないが、そうした人々は、利用調整ルールのもとでは高い点数を得られない。

保育所利用意向が弱い、あるいは許可されにくい家計ほど限界介入効果が高いということは、現在の利用層に対する効果よりも、未利用層に対する効果のほうが高いということを意味する。**介入を受けたグループに対する介入効果**（treatment effect on the treated：**TT**）と、**介入を受けていないグループに対する介入効果**（treatment effect on the untreated：**TUT**）は、限界介入効果の加重平均として算出できることが知られている[6]。

その方法にしたがって、保育所利用層と未利用層に対する介入効果を子どもの年齢別に求めた結果を表11.2に示した。子どもが1.5歳の頃に顕著にみられるように、保育所利用層に対する介入効果よりも、未利用層に対する介入効果のほうがはるかに大きく、その差は統計的にも確かである。

利用調整は、保育所をより必要としている家庭が利用できるようにするためのプロセスだと一般には考えられているが、こうした結果をみる限り、必ずしもそうした役割を果たせていないのではないかという疑問が浮かぶ。

一方、保育所の未利用層に対する介入効果が大きいということは、今後も保育所定員を拡大し続ければ、現在の未利用層が保育所を利用できるようになるため、これまで以上に強い介入効果が現れてくるということを意味している。

表11.3では、保育所定員率を上げていく過程で、どのように政策効果が変化していくかについてのシミュレーションを行った。第1のシナリオでは、保育所定員率を0.28から0.35に上げる政策変更を想定している。これは2002年から2011年にかけての実際の

表11.2 保育所利用層と未利用層における介入効果の違い

	母親の就業に対する保育所利用の効果		
	1.5歳	2.5歳	3.5歳
利用層への介入効果（TT）	0.391 (0.154)	0.562 (0.135)	0.490 (0.129)
未利用層への介入効果（TUT）	0.799 (0.170)	0.606 (0.141)	0.490 (0.219)

（注）カッコ内は標準誤差。
（出所）Yamaguchi, Asai and Kambayashi
（2018a）、Table 9より。

表11.3 政策シナリオごとの平均的な介入効果の違い

保育所定員率	政策の効果
(1) 0.28から 0.35に上げる	0.499 (0.131)
(2) 0.35から 0.42に上げる	0.555 (0.128)
(3) 0.42から 0.82に上げる	0.670 (0.160)

（注）カッコ内は標準誤差。
（出所）Yamaguchi, Asai and Kambayashi
（2018a）、Table 11より。

保育所定員率の変化と一致している。1行目には、この政策によって影響を受けた家計の母親就業率に対する効果を示しており、0.499となっている。つまり、母親就業率を49.9%ポイント引き上げる効果があるということだ。

第2のシナリオでは、2011年の保育所定員率0.35から、0.42まで上げる政策を考える。この上げ幅は、第1のシナリオと同じものである。2行目に示したとおり、この政策による平均的な介入効果は0.555（55.5%ポイント引き上げ）と第1のシナリオよりも大きい。

第3のシナリオでは、第2のシナリオに上積みして、保育所入所率が先進国トップであるデンマークと同じになるように、保育所定員率を0.82まで引き上げた場合の政策を考える。この場合、3行目にあるように、平均的な介入効果は0.670（67.0%ポイント引き上げ）と第1、第2のシナリオよりも高い効果になっている。

これらの分析結果から明らかなように、保育所定員率を引き上げるにつれて介入効果の高い層が保育所を利用できるようになるため、平均的な介入効果も次第に上昇していくことがわかる。

6 おわりに

　この章では、日本における保育所の拡充が、母親の就業率に与えた影響を評価した一連の研究を解説した。これらの研究で明らかにされた重要な論点は2つある。

　1つ目の論点は、認可保育所の拡充は、祖父母による保育などを置きかえるため、必ずしも母親の就業増にはつながらないということだ。また、代替的な保育手段の利用可能性は子どもの年齢によって大きく異なり、保育所利用が母親の就業に与える影響も一様ではない。たとえば、3歳以上の子どもは幼稚園に通うことができるため、認可保育所を拡充し、3歳以上の子どもを持つ家庭に保育利用枠を割り当てても、母親就業の大きな増加は期待できない。

　2つ目の論点は、保育所の利用調整は、その意図せざる結果として、母親就業増があまり見込まれない家庭を優先する一方で、母親就業増が期待できる家庭の保育所利用を遠ざけてしまっている可能性があることだ。そのため、保育所の利用層と未利用層で、平均介入効果を比較すると、後者に対する効果のほうが、前者に対する効果よりも強くなっている。保育所を利用しても母親就業が増えないのは、その家庭が代替的な保育手段を持っている場合なので、保育所の利用調整は、保育を本当に必要とする家庭に届けられていない可能性が高いといえる。

　では、より望ましい利用調整の方法とは何であろうか。母親の就業に対する効果だけを考慮したとしても、その答えは容易ではない。この問題の難しさは、どの家庭が代替的な保育手段を利用できるのかについて、政府や自治体が正確に知ることができないことにある。現行の複雑な利用調整が逆効果になってしまってい

ることをふまえると、より単純に子どもの年齢や家計所得によって優先順位を決めるのも一案だろう。特に、第7章でも紹介したように保育所利用が子どもの発達に及ぼす影響を考慮すると[7]、貧しい家庭に対する優先度を引き上げることは社会的な意義が大きい。理想的なのは、希望するすべての家庭が保育所を利用できるようになることだ。幼児教育無償化のように一部の家庭に手厚い補助を提供するのではなく、家計所得に応じて適切な料金を徴収する一方で、保育の質を確保したうえで、できるだけ多くの家庭が保育を利用できる方向に政策を進めるべきであったと筆者は考えている。

🎓 推定結果の詳細

ここでは、本章5節で紹介した実証分析結果の詳細を解説する。推定モデルの詳細については、巻末付録のパートA.1（227頁）、およびA.2（232頁）を参照してほしい。

1 集計データによる分析結果

本章5.1項（204頁）で紹介した都道府県レベルの集計データをもちいた推定結果は、表11.4にまとめられている[8]。

2 家計データによる分析結果

次に、本章5.2項（207頁）で紹介した「21世紀出生児縦断調査」に基づく家計レベルのデータをもちいた分析結果の詳細を解説する[9]。

ここでは、母親就業率に対する保育所利用の効果を、子どもの年齢別に推定している。使われた手法は**操作変数法（IV）**と**2変数プロビットモデル**だ。後者はモデルが予測する就業率が必ず0から1の間に収まるようにつくることができるという強みがあるが、どちらの方法でも識別戦略は本質的にはすでに説明したものと変わらず、操作変数

表11.4　保育所定員率を上げる効果

被説明変数	保育所入所率 (1)	母親就業率 (2)	核家族かつ母就業 (3)	核家族かつ母非就業 (4)	三世代かつ母就業 (5)	三世代かつ母非就業 (6)
保育所定員率	0.862 (0.062)	−0.147 (0.110)	0.434 (0.056)	0.085 (0.115)	−0.581 (0.135)	0.062 (0.075)

（注）最年少の子どもが0〜6歳の二人親家庭を対象。観測値は世帯数で重みづけをした。カッコ内は標準誤差。

（出所）Asai, Kambayashi and Yamaguchi（2016）より。

図11.3　保育所定員率が上がるほど、入所率も上がる

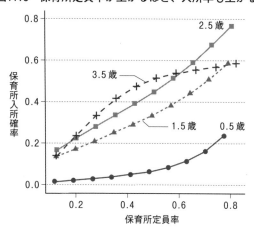

を利用している。

　まずは、居住地における保育所定員率が、個人の保育所利用確率に及ぼす影響を確認しておこう。これは操作変数法では第1段階の推定とよばれるものだ。図11.3は居住地における保育所定員率と保育所入所確率の関係を、子どもの年齢別に表している。全体としては、保育所定員率が上がるほど入所確率も高くなる傾向を表している。

　3.5歳の子どもについては、定員率が上がっても入所確率が頭打ち

表11.5　母親就業率に対する保育所利用の効果

子どもの年齢	(1) 操作変数法	(2) 2 変数プロビット
0.5歳	1.133 (0.154)	0.730 (0.064)
1.5歳	0.670 (0.084)	0.686 (0.041)
2.5歳	0.660 (0.089)	0.498 (0.068)
3.5歳	0.441 (0.098)	0.162 (0.069)

（注）カッコ内は標準誤差。
（出所）Yamaguchi, Asai and Kambayashi（2018a）より。

になってくる傾向がみられる。これは、保育所が利用できる状況にあっても、幼稚園を好む親がいることの表れだと思われる。

　一方、2.5歳までの子どもについては、保育所定員率が一定数を超えると、入所確率が急上昇する傾向がみられる。保育所定員率が低く、待機児童が多く発生しているような状況のもとでは、年齢の高い子どもが優先されがちであるが、保育所定員率が高くなり余裕が出てくると、年齢の低い子どもにも枠が割り当てられるようになるため、入所確率上昇のペースが速まるのだろう。

　表11.5は保育所利用が母親就業確率に及ぼす効果について、推定結果をまとめたものであり、1列目には操作変数法による推定値と標準誤差が示されている。第1段階の回帰分析において、操作変数と内生変数は強く相関しており、弱い操作変数であるとの帰無仮説を強く棄却できる（F 値は96から209）。

　操作変数法によると、0.5歳時点での介入効果は1.133と1を超えてしまっているが、1.5～2.5歳時点での介入効果は0.660～0.670、さらに3.5歳時点では0.441と、子どもの年齢が上がるにつれて介入効果が弱くなっている。このモデルで推定された介入効果が1を超えてしまうのは、被説明変数（母親の就業）と内生変数（保育所利用）が2値

変数であるが、線形確率モデルを使っているためである。

この問題は、2変数プロビットモデルを使うことで解決する。内生変数、操作変数などは、1列目に結果を示した操作変数法と同じであるため、識別戦略などは変わらないが、確率が0から1の間に収まるような制約を課している。このモデルの結果は2列目に示してあるとおり、0.5歳時点の介入効果は0.730となっている。子どもの年齢が上がるにつれて介入効果は弱くなっていき、1.5歳時点で0.686、2.5歳時点では0.498、そして3.5歳になると0.162と大きく下がる。非線形性が高いため、点推定値はモデルによって大きく異なるが、子どもの年齢が上がるにつれて介入効果が弱くなるという傾向は共通している。

3 限界介入効果

図11.4は、母親の就業に対する、保育所利用の限界介入効果を示したものである。より具体的には、$K(p)$ を p の2次式と特定化したうえで巻末付録パートBの（B.5）式（239頁）を推定し、それを傾向スコアで1階微分したものである。（B.5）式では、プロビットモデルのように、成果変数の予測値が0と1の間に収まるような制約をかけていないことに注意してほしい。また、限界介入効果が傾向スコアの1次式で表せるという関数形についての仮定を置いているため、u_D が0から1までの範囲について限界介入効果を計算することはできるが、u_D が**共通サポート**（介入を受けた人々と受けなかった人々の両方に共通して観測された傾向スコアの範囲）を持つのは0.048から0.716までの範囲に限られるため、それにあわせて限界介入効果が図11.4に示されている（90%信頼区間はグレーの領域で表現されている）。

図から明らかなように、限界介入効果は右上がり、つまり、介入に対する抵抗（236頁参照）の分位数 u_D が大きい人ほど介入効果が大きいことを示している。言いかえれば、保育所を利用しやすい人ほど介入効果が小さい一方、保育所を利用しにくい人ほど介入効果が大きいという推定結果となっている。なぜこのようなことが起こるのだろうか。

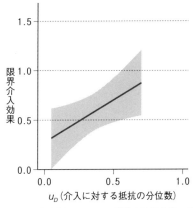

図11.4　母親就業に対する限界介入効果：子どもが1.5歳

縦軸：限界介入効果
横軸：u_D（介入に対する抵抗の分位数）

（注）グレーの領域は90％信頼区間。なお、縦軸は母親就業に対する介入効果だ
　　が、線形確率モデルを使っているために必ずしも0と1の間に収まらない。
（出所）Yamaguchi, Asai and Kambayashi（2018a）、Fig.2より。

すでに述べたとおり、u_D は観測されない就業意欲と能力と関わって
いると解釈できる。u_D が低い人ほど就業意欲と能力が高く、現行の保
育所利用調整制度のもとでは、そうした人々が保育所利用を許可され
やすいのだ。

　u_D が低い人の介入効果が小さいことの背景を理解するために、介入
効果の定義をいま一度思い出してほしい。介入効果は、保育所を利用
した場合の就業確率から、保育所を利用しなかった場合の就業確率を
引いたものである。両親の就業は、事実上の保育所の利用条件になっ
ているので、保育所を利用した場合の就業確率はどの家庭でも1に近
い。一方、保育所を利用しなかった場合に母親が就業するかどうかは
家庭によって大きく異なりうる。祖父母やベビーシッターなどの代替
的な保育手段が使えるかどうかには家庭間で大きな隔たりがあるだろ
う。

　u_D が低い、つまり母親の就業意欲と能力が高い家庭では、祖父母や
ベビーシッターといった代替的な保育手段を利用するために大きな努

力を払うだろう。たとえば、自身の両親、あるいは配偶者の両親の近くに住んで、彼・彼女らに子どもの世話をしてもらうことで、母親が就業できるようにするかもしれない。親族とはいえ、こうしたお願いをするのは簡単ではないだろうから、就業意欲が高くなければ、こうした努力を払わないと考えられる。その結果、u_D が低い人については、保育所が使えない場合でも就業確率が高くなるため、介入効果が小さくなると予想される。

一方、保育所が使えるなら働いてもよいが、そうでなければわざわざ働こうと思わないといった就業意欲の高くない母親ならば、介入効果は高くなるだろう。したがって、u_D が高い人ほど介入効果が高くなるのだ。

4　集計レベルでの介入効果

限界介入効果は u_D に応じて変化するため、介入効果を1つの数値として端的に表すことができない。この点は、政策に関わる人々や世間一般の人々に、分析結果がうまく伝わらないという問題を引き起こしかねない。幸い、5.2項（210頁）で述べたように、限界介入効果の加重平均をとることで、**平均介入効果**（average treatment effect：**ATE**）、**介入を受けたグループに対する介入効果**（treatment effect on the treated：**TT**）、**介入を受けていないグループに対する介入効果**（treatment effect on the untreated：**TUT**）のいずれも計算することができる。しかし計算には、u_D が0から1の範囲のすべてについて限界介入効果を得る必要がある。そのため、ここでは関数形の仮定に基づいて外挿しているので、必ずしも信頼性の高い分析ではない点には注意してほしい。

図11.5では、TT と TUT について、u_D ごとにどのような重みが与えられるかを示している。図から明らかなように、TT については、u_D が低い人々に大きな重みが置かれる一方、u_D が高い人々には小さな重みしか置かれていない。TUT については、おおむね、その逆となっている。

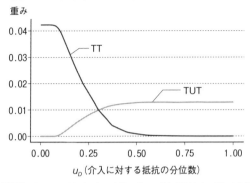

図11.5　平均介入効果を計算するうえでの重み

重み

（出所）Yamaguchi, Asai and Kambayashi（2018a）、Fig.4より。

　保育所利用層と未利用層に対する介入効果（それぞれ TT と TUT にあたる）を子どもの年齢別に推定した結果は、前掲の表11.2（211頁）に示した。子どもが1.5歳の頃に顕著にみられるように、保育所利用層に対する介入効果よりも、未利用層に対する介入効果のほうがはるかに大きく、その差も統計的に有意である。

　利用調整は、保育所をより必要としている家庭が利用できるようにするためのプロセスだと一般には考えられているが、これらの分析結果をみる限り、必ずしもそうした役割を果たせていないのではないかという疑問が浮かぶ。一方、保育所の未利用層に対する介入効果が大きいということは、今後も保育所定員を拡大し続ければ、現在の未利用層が保育所を利用できるようになるため、これまで以上に強い介入効果が現れてくるということを意味している。

　この点について詳しい分析を行うため、さまざまなシナリオのもとで政策シミュレーションを行う。第１のシナリオでは、保育所定員率を0.28から0.35に上げる政策変更を想定している。これは2002年から2011年にかけての実際の保育所定員率の変化と一致している。第２のシナリオでは、2011年の保育所定員率0.35から0.42まで上げる政策を

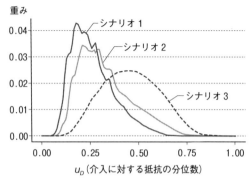

図11.6　政策効果を導出するための u_D に対する重み

（出所）Yamaguchi, Asai and Kambayashi（2018a）、Fig.5より。

考える。この上げ幅は、第1のシナリオと同じものである。第3のシナリオでは、第2のシナリオに上積みして、保育所入所率が先進国トップであるデンマークと同じになるように、保育所定員率を0.82まで引き上げた場合の政策を考える。

　これらのシナリオのもとでの**政策効果**（policy-relevant treatment effect：**PRTE**）も、やはり限界介入効果の加重平均として求めることができる。この政策効果を計算する際に使う、限界介入効果に対する重みは図11.6に示した。第1のシナリオの政策効果を計算する際には、低い u_D に大きな重みが置かれているが、第2、第3のシナリオに移るにつれて、大きい u_D により大きな重みが置かれるようになる。これは、保育所が拡充されるにつれて、それまでは保育所を利用できなかった層が新たに利用できるようになることと整合的である。u_D が大きい人々は、待機児童が解消されてようやく保育所を利用できるようになるためだ。

　前掲の表11.3（211頁）では、シナリオ別の政策効果を示した。第1のシナリオでは、政策によって影響を受けた家庭の母親就業率に対する効果を示しており、0.499となっている。第2のシナリオでは、政策による平均的な介入効果は0.555と第1のシナリオよりも大きい。

そして、第3のシナリオでは、平均的な介入効果は0.670と第1、第2のシナリオよりも高い効果になっている。これらの分析結果から明らかなように、保育所定員率を引き上げるにつれて、介入効果の高い層が保育所を利用できるようになるため、平均的な介入効果も次第に上昇していくことがわかる。

✒ 注

1 ）Asai, Kambayashi and Yamaguchi（2015, 2016），Yamaguchi, Asai, Kambayashi（2018a）.

2 ）「社会福祉施設等調査」では、より細かい市町村レベルの保育所定員数が報告されているが、2007年前後で調査方法が大きく変更されたことに伴い回収率が大幅に低下したため、この分析ではもちいなかった。

3 ）ここでは、前後の調査から線形補間で推定している。

4 ）都道府県レベルのデータをもちいた分析は Asai, Kambayashi and Yamaguchi（2015）で行われた。

5 ）Asai, Kambayashi and Yamaguchi（2016），Yamaguchi, Asai and Kambayashi（2018a）.

6 ）Heckman and Vytlacil（2005）.

7 ）Yamaguchi, Asai and Kambayashi（2018b）.

8 ）Asai, Kambayashi and Yamaguchi（2016）.

9 ）Yamaguchi, Asai and Kambayashi（2018a）.

付録

実証分析の理論と作法

　ここでは、本書で紹介してきた実証分析の背後にある計量経済学モデルの詳細を、数式をもちいて解説する。**パート A** では「因果推論アプローチ」の主な手法について、章ごとに対応する形で紹介している。また、**パート B** では第11章で取り上げた「限界介入効果」について、**パート C** では第9章で取り上げた「構造推定アプローチ」について、それぞれの詳細を解説している。直観的な説明や推定結果については、本書の各章を参照してほしい。

 ## A　因果推論

　パート A では、本書で紹介してきた政策の因果的な効果を分析するための主要な実証分析の方法である**差の差分析**（difference-in-difference：**DID**）、**操作変数法**（instrumental variables：**IV**）、**回帰不連続デザイン**（regression discontinuity design：**RDD**）の推定モデルについて解説する。

A.1　差の差分析
■ 保育政策が出生率にもたらす効果：第3章
　ここでは第3章で取り上げた、保育政策が出生率にもたらす効果の実証分析の推定モデルを解説する。分析で使われたモデルを明確にするために、旧西ドイツ地域における保育所整備の効果の分析[1]を例に、数式をもちいて説明しよう。Y_{ct+1} を c 郡における $t+1$ 年の出生率とする。t ではなく $t+1$ とするのは、政策変更が妊娠に影響を与えても、

出生までには1年ほどの時間がかかるためだ。介入変数 D_c は、c 郡が介入群に含まれるならば1をとり、そうでなければ0をとる2値変数である。**差の差分析（DID）** では、以下のような数式を推定する。

$$y_{ct+1} = \beta_c + \gamma_t + \sum_{t=1998}^{2009} \delta_t (D_c \times \gamma_t) + \varepsilon_{ct+1} \qquad (\text{A.1})$$

ここで β_c は郡固定効果、γ_t は年固定効果、δ_t は平行トレンドからの乖離をとらえるパラメーターになっている。正規化のため、保育改革直前の2004年については δ_t を0とする。平行トレンドの仮定が満たされているなら、保育改革が行われた2004年より前の年についても δ_t は0となり、政策効果があるならば、2005年とそれ以降についての δ_t は正の値をとる。最後の ε_{ct+1} は誤差項であり、他の変数と相関していない。

この方法の利点は、アウトカムの時間変化を介入群と対照群について図示することで、介入効果の大きさや、平行トレンドの仮定の妥当性などを視覚的に検証することができる点だ。さらに、上の回帰分析において、帰無仮説を $\delta_t = 0,\ t < 2004$ として、平行トレンドの仮定を介入前期間について直接検証できることも強みだ。

一方、連続変数を2値変数に変換することで、指標が元来持っている情報、つまり介入の強さの度合いを捨ててしまっているという欠点がある。この欠点を補うため、分析では保育所定員率を連続変数のまま介入変数として扱うモデルについても推定を行っている。

$$y_{ct+1} = \eta_c + \mu_t + \rho d_{ct} + \lambda X_{ct} + \zeta_{ct+1} \qquad (\text{A.2})$$

ここで、η_c は郡固定効果、μ_t は年固定効果、d_{ct} は介入変数で保育所定員率、X_{ct} は時間を通じて変化する郡レベルの変数、そして ζ_{ct+1} は誤差項である。

経済学者の間では因果関係の識別戦略の質が重視され、識別のための仮定が満たされているかどうかという点についてかなり詳しい議論が求められる。差の差分析では識別のために平行トレンドの仮定が使われる。この仮定の妥当性をチェックする方法の1つとして、介入前においてトレンドが平行かどうかを検証するというものがある。たと

図 A.1　保育所定員率の差と出生率の差の推移、あるいは介入効果

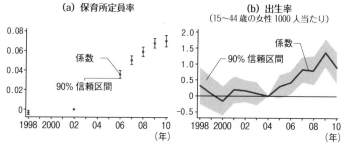

（出所）Bauernschuster, Hener and Rainer（2016）、Figure 3 より。

え介入変数が連続変数として利用可能であったとしても、あえて 2 値変数として扱うモデルについても推定を行うことで、容易に介入前に平行トレンドの仮定が成り立っているかどうかを視覚的に検証できる。これは、分析の透明性を高めることつながっている。

　念のため付け加えておくと、介入前に平行トレンドの仮定が満たされていたからといって、介入後にもこの仮定が満たされていることを保証されない。ここではもっともらしいかどうかを議論しているのであり、介入後における平行トレンドの仮定は直接には検証することができない。

　では、（A.1）式の推定値をもちいた結果をみていこう。図 A.1(a)は、被説明変数に保育所定員率をとっている。やはり改革以前には有意差がないが、改革以後には統計的にも経済的にも有意な差があることがわかる。図 A.1(b)は、被説明変数に出生率をとっている。改革以前は係数が 0 と有意に異ならないため、平行トレンドの仮定が成立していることを棄却できない。一方、改革以後の係数は 0 よりも有意に大きく、2005年に始まる保育改革が出生率を引き上げたことを示している。

■ 幼児教育プログラムが子どもの発達にもたらす効果：第 6 章

　ここでは、第 6 章で紹介した幼児教育プログラムが子どもの発達にもたらす効果を検証した差の差分析の詳細を解説する。この分析では、

次のような計量経済学モデルを推定する。

$$Y_{ijt} = \alpha + \beta D_{jt} + \gamma X_{ijt} + \mu_j + \theta_t + e_{ijt}$$

ここで Y_{ijt} は地域 j に住む個人 i の t 年における成果変数で、たとえば知能テストの点数だ。単純なケースでは、D_{jt} は地域 j が t 年において幼児教育プログラムを導入済み、あるいは改革済みであるかどうかを示すダミー変数で、あてはまれば1、そうでなければ0をとる。分析によっては、D_{jt} に幼児教育普及率のような連続変数をとることがある。

そして、X_{ijt} はコントロール変数のベクトルで、家庭環境や地域レベルの変数を含む。変数 μ_j は地域固定効果、θ_t は年固定効果であり、具体的には地域ダミー、年ダミーをモデルに含めることでコントロールする。**地域固定効果**とは、時間を通じて変わらない地域特有の影響である。一方、**年固定効果**とは、ある年における全国共通の影響をとらえている。たとえば、全国レベルでの景気変動や、全国レベルで導入された政策の効果などの影響である。最後の e_{ijt} は誤差項で、その他の変数と相関していないものと仮定する。

この式で特に関心のあるパラメーターは β であり、幼児教育プログラム導入、ないしは改革の効果を測っている。この識別には差の差分析が応用されている。地域固定効果がコントロールされているので、単純な一時点における地域比較ではないし、年固定効果がコントロールされているので、ある地域における改革前後の単純比較でもない。

上で述べたように、ここでは幼児教育プログラム導入、ないしは**改革の効果**（intention to treat：**ITT**）を測っていることに注意してほしい。幼児教育プログラムが導入・改革されたといっても、すべての個人が実際に幼児教育を受けるわけではないため、このパラメーターは幼児教育を受けることの効果そのものをとらえているのではなく、改革の効果をとらえている。改革が行われたにもかかわらず幼児教育を受ける人があまり増えなかった場合には、たとえ幼児教育の効果が高かったとしても、改革の効果（ITT）は低くなることに注意してほしい。

■ 保育改革が全地域で行われる場合の分析：第10章

　ここでは第10章で紹介した、全地域で保育改革が行われるような場合の分析で使われる差の差分析の計量経済学モデルを解説する。モデルは、以下のように定式化される。

$$Y_{ijt} = \alpha + \beta D_{jt} + \gamma X_{ijt} + \mu_j + \theta_t + \varepsilon_{ijt}$$

ここで、Y_{ijt} は地域 j に住む家計 i の t 年についての母親の就業に関する変数である。介入変数は D_{jt} で、地域 j で t 年において保育改革の規模を示す連続変数である。多くの研究では、地域 j における子ども1人当たり保育所定員数（保育所定員率）を介入変数にとっている[2]。したがって、政策効果をとらえたパラメーターは β である。家計や地域の観測できる属性は X_{ijt} でまとめられる。

　地域固定効果は μ_j で、時間を通じて変化しない地域特有の要因を表し、地域ダミーを回帰式に含めることで推定する。年固定効果は θ_t で、年ごとの国全体に共通した政策や景気変動の効果をとらえており、年ダミーを回帰式に含めればよい。そして、ε_{ijt} は誤差項で、他の説明変数と相関していないものとする。

■ 都道府県レベルデータをもちいた推定：第11章

　ここでは第11章で紹介した、保育所拡充政策や保育所利用が母親の就業率に及ぼす影響を分析するための計量経済学モデルを解説する。なおここでは、都道府県レベルの集計データを使った分析モデルについて解説する。家計レベルのデータを使った分析モデルについては、パート A.2（232頁）で解説する。

　ここで用いるデータは、「国勢調査」などによって得られる、都道府県や市町村によって定義される地域レベルでの集計データだ。地域 r における t 年の被説明変数（たとえば、母親就業率）を Y_{rt} とする。ここで知りたいのは、介入変数 Z_{rt}、つまり未就学児1人当たりの保育所定員数（保育所定員率）の被説明変数に対する影響であり、推定する計量経済学モデルは以下のように与えられる。

$$Y_{rt} = \beta_0 + \beta_1 Z_{rt} + \beta_2 X_{rt} + \theta_r + \xi_t + \varepsilon_{rt} \qquad (\text{A}.3)$$

ここで、変数 X_{rt} は失業率など地域レベルの変数である。変数 θ_r は時間を通じて変化しない地域固定効果であり、「県民性」といった言葉で表されるような、地域における女性就業に対する価値観などが含まれる。変数 ξ_t は全国共通の年固定効果で、全国レベルでの景気変動や政策の影響をとらえている。両者はそれぞれ地域ダミーと年ダミーを回帰式に含めることで推定することができる。最後の ε_{rt} は他の変数と相関していない統計的誤差項である。

ここで強調しておきたいのは、地域固定効果をコントロールすることの重要性である。女性就業を肯定的にとらえる価値観が共有されている地域では、女性の就業を助けるために、もともと多くの保育所がつくられている可能性がある。言いかえると、地域固定効果 θ_r と保育所定員率 Z_{rt} は正相関している可能性があり、地域固定効果をコントロールしないと、保育所定員率に対する係数 β_1 は上方バイアスを持つと考えられる。この点は第11章の図11.1と図11.2（205-206頁）の対比にみられるとおりだ。図11.1における傾きは地域固定効果をコントロールしていない場合の保育所定員率に対する係数 β_1、図11.2における傾きは地域固定効果をコントロールした場合のものにあたる。

（A.3）式に戻ると、政策効果を表すパラメーター β_1 は、地域固定効果と年固定効果、そして X_{rt} を所与としたうえでの保育所定員率の変動により識別されている。言いかえると政策効果は保育所定員率の伸びの地域差によって識別されており、これは差の差分析そのものである。

A.2　操作変数法

■幼児教育を受けることの効果：第6章

ここでは、第6章で紹介した幼児教育が子どもの発達に与える効果を推定する方法として、本文で紹介した差の差分析と回帰不連続デザインとは別の側面に着目した分析手法について解説する。幼児教育を受けることそのものの効果を推定したい場合には、次の2つの式から

構成される**2段階最小2乗法**（two stage least squares：**2SLS**）、あるいは**操作変数法**（instrumental variables：**IV**）を適用する。

$$E_{ijt} = \delta + \zeta D_{jt} + \eta X_{ijt} + u_{ijt} \tag{A.4}$$

$$Y_{ijt} = \theta + \kappa E_{ijt} + \lambda X_{ijt} + v_{ijt} \tag{A.5}$$

ここで新しく導入された変数 E_{ijt} は、幼児教育を受けたかどうかを示すダミー変数で、受けた場合には1、そうでない場合には0をとる。また、u_{ijt} と v_{ijt} は他の変数と相関を持たない誤差項である。したがって、(A.4)式は幼児教育を受けるかどうかについての線形確率モデル、(A.5)式は成果変数 Y_{ijt} についてのモデルである。ここで関心のあるパラメーターは κ であり、幼児教育を受けることの効果をとらえている。

　(A.5)式において、幼児教育を受けるかどうか（E_{ijt}）は**内生変数**、つまり誤差項との共分散が $\mathrm{Cov}\,(E_{ijt}, v_{ijt}) \neq 0$ である可能性があるため、E_{ijt} に対する**操作変数**が必要となる。このモデルでは、幼児教育プログラムが導入、あるいは改革が行われたかどうかを示すダミー変数 D_{jt} が操作変数である。

　2段階最小2乗、あるいは操作変数法により、このモデルを推定する場合でも、識別に使われているのは X_{ijt} が与えられたもとでの D_{jt} の変動だから、本質的には差の差分析と同じ識別戦略を採用していることになる。

■ 保育所通いが子どもの発達にもたらす効果：第7章

【操作変数法のモデル】　ここでは、第7章で紹介した保育所通いが子どもの発達に与える影響を推定するための計量経済学モデルについて解説する。2歳半時点での保育所利用を示すダミー変数を D_{it} で表し、1ならば利用、0ならば利用していないと定義する。データでは保育所の種類が区別されていないので、分析でも認可と無認可を区別しないが、第7章で述べたとおり、保育所利用者の94%は認可保育所を利用している。このとき添字 i は個人を示すもので、添字 t は年を示すものである。Y_{it} は子どもの発達や、母親のしつけの質などの成果変数

を表す。推定したい式は以下のように与えられる。

$$Y_{it} = \tau D_{it} + \beta X_{it} + u_{it} \qquad (A.6)$$

ここで、X_{it} は両親の学歴や年齢といった家計の属性や、居住地域における失業率などの地域特性を含むベクトルである。X_{it} は地域ダミーと年ダミーを含み、それぞれ、時間を通じて変化しない地域特有の事情をとらえる地域固定効果と、全国共通の制度変更や景気変動など、ある年固有の効果をとらえる年固定効果をコントロールしている。最後の u_{it} は統計的誤差項である。注意が必要なのは、u_{it} は X_{it} に含まれるさまざまな要因をコントロールしたとしても、保育所利用 D_{it} と相関している可能性がある点だ。

なぜこうした可能性を考慮するかというと、現代社会においては、家計の社会経済的地位が高いほど母親の就業意欲が強い傾向があるが、そうした家計では保育所を利用する傾向が高いことに加え、社会経済的地位が高いがゆえに子どもの発達がより進んでいる可能性があるからである。その場合、D_{it} と u_{it} は正相関している（つまり D_{it} は内生変数）と思われる。この場合、(A.6)式を最小2乗法で推定しても、係数 τ は上方バイアスを持ち、保育所通いの子どもの発達に対する効果が過大評価される。このようなバイアスを、**内生性バイアス**とよぶ。

この内生性バイアスに対処するための方法は、操作変数法を利用することである。保育所利用は2値のダミー変数 D_{it} を被説明変数とした以下の線形確率モデルで決まると考える。

$$D_{it} = \gamma X_{it} + \delta Z_{it} + v_{it} \qquad (A.7)$$

ここで、変数 Z_{it} は操作変数で、子ども1人当たりの保育所定員数（保育所定員率）をもちいる。変数 v_{it} は観測されない要素すべてをまとめた誤差項であり、X_{it} と Z_{it} とは無相関であるとする。

介入効果 τ を識別するための条件は、操作変数 Z_{it} が内生変数 D_{it} と相関していること（$\delta \neq 0$）と操作変数が外生であること（$\mathrm{Cov}(Z_{it}, v_{it}) = 0$）の2点である。

介入効果が母親の学歴などのサブグループによって異なることを許したいならば、(A.6)式において介入変数 D_{it} とサブグループを示すダミー変数の交差項を入れるとともに、(A.7)式においては操作変数 Z_{it} とサブグループを示すダミー変数の交差項を入れるのが1つの方法だ。

　【介入効果の識別】　操作変数が内生変数と相関しているかどうかは、(A.6)式を実際に推定して容易に確認できるが、操作変数が外生であるかを直接確認することはできない。これは、操作変数は観測されるが、(A.6)式の誤差項 u_{it} は観測されないためである。もちろん、直接確認できないからといって、深く考えずにその仮定を正しいものとして分析を進めてよいわけではない。操作変数が外生であるかどうかを、間接的な形でも、可能な限り検証する必要がある。

　最も重要な論点は、保育所以外の子育て支援策などが子どもの発達に及ぼす影響だ。保育所の拡充に熱心な地域では、家族政策全般についても積極的だと考えられるし、当然、そうした政策は子どもの発達にとって好ましい影響があるだろう。つまり、保育所以外の子育て支援策は、子どもの発達と保育所定員率の双方と正相関している可能性が高いのだ。したがって、保育所以外の子育て支援策をコントロールしなければ、保育所の効果を過大に推定してしまうことになる。この問題には、(A.7)式に子育て支援策の代理変数として、地域の児童福祉費をもちいることで対処する。児童福祉費には、保育、子どもに対する医療助成、児童手当などが含まれているので、子育て支援策を一定程度とらえることができると考えられるためだ。

　これに加えて、地域経済の状況も考慮すべき点だ。地域経済の状況が悪くなれば、大きな財政支出を伴う保育所の拡充も難しくなるし、家計の悪化を通じて、子どもの発達にも悪影響が生じかねない。地域経済の状況は、保育所定員率と子どもの発達の双方に正相関している可能性があるため、これをコントロールしなければ、保育所の効果を過大に推定してしまうことになる。この問題については、地域レベルでの失業率を(A.6)式に含めることで対処する。

外生性について検証するうえで、平行トレンドの仮定という視点から考えるのも有益だ。第7章4節（127頁）でも述べたように、この研究の識別戦略は差の差分析に基づいているが、そこでは平行トレンドの仮定が成り立っていなければならない。仮に地域間で子どもの発達の伸び（トレンド）が異なる可能性があるならば、そうした違いを調整する必要がある。

この分析では、2つの方法で地域間のトレンドの違いを調整しようとしている。1つ目の方法は、2000年時点の地域レベルの変数に応じて、トレンドが異なることを許すというものだ。認可保育所の拡充について説明した際にみたとおり、2000年から2010年にかけての保育所定員率の伸びは、2000年時点での女性労働力参加率と相関している。同様に、子どもの発達の伸びも、2000年時点での女性労働力参加率や他の地域レベルの変数と相関していれば、平行トレンドの仮定が成り立っていないことになる。このような子どもの発達の伸び（トレンド）の地域間の違いを調整するために、(A.6)式に、年ダミーと2000年時点での地域変数の交差項を含めた。

2つ目の方法は、北海道・東北地方、関東地方といった地域ブロックごとに異なるトレンドを許すやり方だ。具体的には、(A.7)式に、年ダミーと地域ブロックダミーの交差項を含める[3]。

■家計レベルデータをもちいた推定：第11章

ここでは第11章で紹介した、保育所拡充政策や保育所利用が母親の就業率に及ぼす影響を分析するための計量経済学モデルのうち、「21世紀出生児縦断調査」など家計レベルのデータをもちいる際の分析について説明する。家計レベルでのデータからは、母親の就業と保育所の利用が同時にわかるため、保育所利用の効果を分析の目的とする。家計 i の t 年における被説明変数（例：母親の労働時間）を Y_{it} とする。保育利用についてのダミー変数を D_{it} とし、利用していれば1、利用していなければ0をとるものとする。推定したい計量経済学モデルは以下のように与えられる。

$$Y_{it} = \beta_0 + \beta_1 D_{it} + \beta_2 X_{it} + \theta_r + \xi_t + \varepsilon_{it} \tag{A.8}$$

ここで、X_{it} は父母の年齢・学歴など家計の属性についての変数や、失業率など地域レベルの変数を表すベクトルである。変数 θ_r、ξ_t はそれぞれ地域固定効果、年固定効果であり、地域ダミーと年ダミーを回帰式に含めることで推定できる。母親の労働意欲の高い家庭ほど保育所を利用すると考えられるので、統計的誤差項 ε_{it} と保育所利用 D_{it} は正相関する可能性が高い。したがって、この式をこのまま最小2乗法などで推定しても、β_1 は上方バイアスを持つと考えられる。保育所利用の内生性に対処するためには、次のような第1段階の推定を行う。

$$D_{it} = \gamma_0 + \gamma_1 Z_{it} + \gamma_2 X_{it} + \mu_r + \eta_t + \nu_{it} \tag{A.9}$$

ここで Z_{it} は家計 i が t 年に住む地域における保育所定員率であり、μ_r と η_t はそれぞれ地域固定効果、年固定効果である。統計的誤差項は ν_{it} で、他の変数と相関しない。このような変数が**操作変数**であり、識別のための条件は操作変数 Z_{it} が第2段階の推定式(A.8)の誤差項 ε_{it} と相関しないことと、パラメーター γ_1 がゼロではないことだ。

2段階最小2乗法では、まず(A.9)式を最小2乗法で推定し、その結果をもちいて D_{it} の推定値 $\hat{D}_{it}$ を得る。次に第2段階として、得られた $\hat{D}_{it}$ を(A.8)式の D_{it} に代入し、(A.8)式を最小2乗法で推定する。このようにして得られた(A.8)式のパラメーター推定量は一致性を持つ。

第1段階の推定式は、地域レベルの集計データをもちいた場合の推定式ときわめて似通っており、家計データを利用する場合においても、識別に使われている変動は保育所定員率の伸び率の地域差であり、推定が差の差法に基づいていることがわかる。

操作変数法、あるいは2段階最小2乗法によって識別されるパラメーターは**局所介入効果**（local average treatment effect：**LATE**）であるが、この文脈では、保育所定員率が伸びたことによって、新たに保育所を利用できるようになった家計への平均介入効果を指している。

A.3　回帰不連続デザイン

■育休改革が母親の就業率にもたらす効果：第8章

　ここでは、第8章で紹介したドイツの育休改革[4]の効果を検証するための、**回帰不連続デザイン**（**RDD**）の計量経済学モデルを単純化して解説する。問題を具体的に考えるために、1992年1月に実施された育休改革の効果を測定するとしよう。育休改革の前後に出産した人だけを分析の対象としたいので、1991年10月から1992年3月までに出産した人々に注目する。彼女らを対象として、以下の式を推定する。

$$Y_i = \alpha_0 + \alpha_1 Month_i + \alpha_2 x_i + u_i$$

ここで、Y_i は個人 i に関する成果変数で、たとえば出産1年後の就業状態などをとる。$Month_i$ は生まれ月が改革後に当たる場合は1を、改革前であれば0をとるダミー変数である。より具体的には、出産月が1〜3月であれば1を、出産月が10〜12月であれば0をとるものとする（それ以外の月は分析に含めない）。変数 x_i は出産以前に決まっている母親の属性のベクトルであり、たとえば年齢や学歴などが含まれる。そして、最後の u_i は誤差項である。この式において、育休改革の効果は α_1 でとらえられる。

　上の式は最も単純な場合であるが、すでに述べたように子どもの発達と出産月には相関があることが知られている。こうした季節性を取り除くために、育休改革の直前直後に出産した人だけでなく、育休改革が行われる1年前、あるいは1年後に出産した人々も分析の対象としたうえで、次のような式の推定を考える。

$$Y_i = \beta_0 + \beta_1 Cohort_i + \beta_2 Month_i + \beta_3 Cohort_i \times Month_i + \beta_4 x_i + v_i$$

　ここでも問題を具体的に考えるため、先程と同様に1992年1月に実施された育休改革の効果を推定したいとしよう。上の式で、$Cohort_i$ は育休改革の直前あるいは直後に出産した場合（1991年の10月から1992年3月）に1を、それ以外の年に出産した場合には0をとるダミー変数とする。$Month_i$ は育休改革後に当たる月あるいは季節と同じ時

期であれば（1〜3月生まれ）、出産年にかかわらず1を、そうでなければ0をとるダミー変数である。最後のv_iは誤差項とする。

この式において、育休改革の効果はβ_3でとらえられる。一方、季節性（1〜3月生まれ）の影響はβ_2によってとらえられるため、育休改革の効果から季節性の影響を取り除くことができている。

さらに注意すべき点として、β_3は**育休改革の効果**（intention to treat：**ITT**）であり、育休取得そのものの効果でないことがあげられる。育休取得そのものの効果を知りたい場合には、ITT効果の推定値β_3を育休取得率で割ることによって、**育休取得者に対する育休取得の効果**（treatment effect on the treated：**TT**）を求めることができる。育休取得率が高い国々においては大きな問題とはならないが、かつての日本のように育休取得率が低い場合はITT推定値とTT推定値が大きく異なるため注意が必要である。

B 限界介入効果の推定

第11章では、家計レベルのデータをもちいて個人間で異なる介入効果、特に観測されない変数に応じて異なる介入効果を推定した。そのために**限界介入効果**（marginal treatment effect：**MTE**）を推定した。パートBでは、近年急速に実証分析で使われるようになってきたこのパラメーターの推定方法を解説する[5]。

限界介入効果とは、「介入への抵抗」とよばれる変数ごとに異なる介入効果のことだ。介入への抵抗とは、介入の受けにくさを定量的に示したもので、この値が大きいほど介入を受けにくくなる。この研究で介入とは保育所利用のことを示しているから、保育所を使う可能性の高さということができる。日本における保育所利用は母親がすでに就業していることを前提としており、しかもフルタイムの就業者が優先的に保育所利用を許可されることをふまえると、母親の就業意欲と労働市場における能力の観測されない部分をとらえているとみなしてもよいだろう。介入への抵抗が大きい家計とは、母親の就業意欲と労

働市場における能力が低い、つまり保育所を使う可能性が低い家計を指している。逆に、介入への抵抗が低い家計とは、母親の就業上の能力も意欲も高く、保育所を利用する可能性が高い家計のことになる。

■ 限界介入効果とは

はじめに、介入の有無を表す添字 $j \in \{0, 1\}$ を導入し、$j = 1$ ならば介入を受け、$j = 0$ ならば介入を受けないとする。介入の有無に応じて起こりうる結果を Y_j とし、

$$Y_j = X\beta_j + U_j \qquad (B.1)$$

と表せるものとする。ここで、X は説明変数のベクトルで、U_j は $E(U_j | X) = 0$ を満たす誤差項とする。第11章で取り上げた実証分析では、X には地域ダミー、年ダミー、両親の学歴や年齢、都道府県別失業率などが含まれる。

一方、介入を受けるかどうかは、以下の式で決定されるものとする。

$$D = 1\{X\gamma + Z\delta - V > 0\} \qquad (B.2)$$

ここで、$1\{\cdot\}$ はカッコ内を満たせば 1 を、そうでなければ 0 をとる関数で、D は介入を受けたかどうかを示すダミー変数である。Z は操作変数のベクトルで、結果を表す(B.1)式からは除外されている。第11章の分析では、操作変数 Z に地域における未就学児 1 人当たりの保育所定員数（保育所定員率）をとる。最後の V は観測されないスカラー変数であり、この値が大きいほど介入を受けにくくなるため、**抵抗**（resistance）とよばれている[6]。もちろん、負の符号がついているのはタイポではない。また、観測されない変数 (U_0, U_1, V) は所与の X のもとで、Z に対して独立に分布すると仮定する。

この(B.2)式は以下のように書きかえることができる。

$$D = 1\{X\gamma + Z\delta > V\}$$
$$= 1\{F_V(X\gamma + Z\delta) > F_V(V)\} \qquad (\text{B.3})$$
$$= 1\{P(X\gamma + Z\delta) > U_D\}$$

ここで F_V は V の累積分布関数、P は介入を受ける確率を示す**傾向スコア**（propensity score）、U_D は観測されない抵抗 V の**分位数**（quantile）である。

　これらの設定のもとで、限界介入効果（MTE）は以下のように定義される。

$$\text{MTE}(X = x, U_D = u_D) = E(Y_1 - Y_0 \mid X = x, U_D = u_D) \qquad (\text{B.4})$$

つまり、観測される変数 X と観測されない抵抗の分位数 U_D が一定のもとで、介入によって生じる成果変数の変化が、MTE である。

　保育所利用が母親就業に及ぼす効果という文脈で考えると、この観測されない抵抗の分位数 U_D は一体何を表しているのだろうか。日本における保育所利用は母親がすでに就業していることを前提としており、しかもフルタイムの就業者が優先的に保育所利用を許可されることをふまえると、母親の就業意欲と能力の観測されない部分をとらえているとみなすことができる。つまり、U_D が小さければ就業意欲と能力が高く、大きければ低いということだ。

■ 推定方法

　MTE の定義式(B.4)と成果変数についての(B.1)式を組み合わせると、以下のようになる。

$$\text{MTE}(X = x, U_D = p) = E(Y_1 - Y_0 \mid X = x, U_D = p)$$
$$= E(X\beta_1 - X\beta_2 \mid X = x, U_D = p)$$
$$+ E(U_1 - U_0 \mid X = x, U_D = p)$$
$$= \Delta^{\text{ATE}} + E(U_1 - U_0 \mid X = x, U_D = p)$$

一方、成果変数についての(B.1)式より、

$$E(Y \mid X = x, P(X, Z) = p)$$
$$= E(Y_0 + D(Y_1 - Y_0) \mid X = x, P(X, Z) = p)$$
$$= x\beta_0 + E(Y_1 - Y_0 \mid X = x, P(X, Z) = p, D = 1)\Pr(D = 1 \mid X, Z)$$
$$= x\beta_0 + x(\beta_1 - \beta_0)p + E(U_1 - U_0 \mid p \geq U_D)p$$
$$= x\beta_0 + x(\beta_1 - \beta_0)p + \int_0^p E(U_1 - U_0 \mid U_D = u_D)du_D$$

と書きかえられるが、これを p で1階微分すると、

$$\frac{\partial \mathrm{E}(Y \mid X = x, P(X, Z) = p)}{\partial p} = x(\beta_1 - \beta_0) + E(U_1 - U_0 \mid U_D = p)$$
$$= \Delta^{\mathrm{ATE}} + E(U_1 - U_0 \mid U_D = p)$$
$$= \mathrm{MTE}(X = x, U_D = p)$$

となる。つまり、MTE は、成果変数 Y の期待値を傾向スコア p で微分したものに等しい。

　この結果の背後にある直観的な考え方は、次のようなものである。まず、傾向スコアが p_0 である人々について考えよう。彼女らのうち、$U_D < p_0$ である人たちは保育所を利用するのに対し、ちょうど $U_D = p_0$ となる人は保育所を利用するのも利用しないのも同じくらい好ましい（つまり無差別）とみなしている。ここで、傾向スコアを p_0 からほんのわずか、dp だけ増やしたとしよう。この変化によって、これまで保育所を利用するのもしないのも無差別だとみなしていた人が、新たに保育所を利用するようになる。このときに増える母親就業率 dY は、新たに保育所を利用するようになった人たちの割合 dp と、彼女らに対する $\mathrm{MTE}(U_D = p_0)$ との積であるから、$dY = dp \times \mathrm{MTE}(U_D = p_0)$ となる。この両辺を、dp で割ることにより、$\mathrm{MTE}(U_D = p_0) = dY/dp$ を得る。

　観測されない変数 (U_0, U_1, U_D) は、所与の X のもとで Z に対して独立に分布すると仮定しているので、MTE が p によって変化する度合いは X によらない。したがって、成果変数を以下のような式で表すことができる。

$$E[Y \mid X = x, P(X, Z) = p] = X\beta_0 + X(\beta_1 - \beta_0)p + K(p) \qquad (\text{B.5})$$

ここで、$K(p)$ は傾向スコアについての非線形関数である。筆者らの分析では、推定を簡単にするため、$K(p)$ を p の 2 次式と仮定している[7]。MTE は次式で与えられる。

$$\text{MTE}(X = x, U_D = p) = \frac{\partial E[Y \mid X = x, P(X, Z) = p]}{\partial p}$$

$$= x(\beta_1 - \beta_0) + \frac{\partial K(p)}{\partial p} \qquad (\text{B.6})$$

■ 関数形と識別戦略

MTE の推定は、次のように 2 段階で行う。まず第 1 段階で、保育所入所についての傾向スコアをプロビットやロジットモデルなどで推定する。第 2 段階では、そうして得られた傾向スコア p の推定値 $\hat{p}$ をもちいて、(B.5)式を最小 2 乗法で推定してパラメーターを得た後、(B.6)式の MTE を計算する。

推定式の右辺に現れる変数について改めてまとめておくと、以下のとおりである。コントロール変数 X は両親の学歴や年齢といった家計の属性や、居住地域における失業率、児童福祉費などの地域特性を含むベクトルである。X は地域ダミーと年ダミーを含み、それぞれ、時間を通じて変化しない地域特有の事情をとらえる地域固定効果と、全国共通の制度変更や景気変動など、ある年固有の効果をとらえる年固定効果をコントロールしている。また、変数 Z は操作変数で、保育所定員率をもちいる。

識別のための基本的な発想は、やはり差の差分析に基づいている。2000 年代に保育所の整備が進められ、各地で保育所定員率が上昇したが、その伸びには地域差が大きかったことを利用して介入効果を推定している。

■ 集計レベルの介入効果

ひとたび MTE がわかれば、適切な重みをつけた加重平均をとるこ

とで、**平均介入効果**（average treatment effect：**ATE**）、**介入群に対する介入効果**（treatment effect on the treated：**TT**）、**対照群に対する介入効果**（treatment effect on the untreated：**TUT**）を計算することができる。

　具体的に、これら集計レベルでの介入効果の計算方法を示そう。MTE のうち、観測されない変数による部分を $K'(u_D)$、傾向スコアの標本平均を $\bar{p}$ とすると、以下のようになる。

$$\text{ATE} = \frac{1}{N}\sum_{i=1}^{N}x_i(\beta_1-\beta_0)+\int_0^1 K'(u)du$$

$$\text{TT} = \frac{1}{N}\sum_{i=1}^{N}\frac{p_i}{\bar{p}}x_i(\beta_i-\beta_0)+\int_0^1 K'(u)\frac{\frac{1}{N}\sum_{i=1}^{N}I(p_i>u)}{\bar{p}}du$$

$$\text{TUT} = \frac{1}{N}\sum_{i=1}^{N}\frac{1-p_i}{1-\bar{p}}x_i(\beta_i-\beta_0)+\int_0^1 K'(u)\frac{\frac{1}{N}\sum_{i=1}^{N}I(p_i\leq u)}{1-\bar{p}}du$$

　これらに加えて、**政策効果**（policy-relevant treatment effect：**PRTE**）も以下のように定義される。ある政策によって、傾向スコアが p_i から p_i' に変化するとしよう。政策変更前の傾向スコアの標本平均を $\bar{p}$、変更後の標本平均を $\bar{p}'$ と表すと、政策効果（PRTE）は、

$$\text{PRTE} = \frac{1}{N}\sum_{i=1}^{N}\frac{p_i'-p_i}{\bar{p}'-\bar{p}}x_i(\beta_i-\beta_0)$$
$$+\int_0^1 K'(u)\frac{\frac{1}{N}\sum_{i=1}^{N}I(p_i'>u)-\frac{1}{N}\sum_{i=1}^{N}I(p_i\leq u)}{\bar{p}'-\bar{p}}du$$

で与えられる[8]。

C 構造推定：構造モデルの構築とその推定方法

　パートCでは、第9章で紹介した構造推定アプローチに基づく育休3年制の政策シミュレーションの背後にある、具体的な構造モデルと

その推定方法について解説する。ここで記述するのは、女性の就業と出産に関する**動学的離散選択モデル**だ。なおここでは、引退年齢は65歳とし、最終期に得られる利得は0とする。

■ 選択肢

就業については、以下の4つの選択肢がある。(1)家庭にとどまり専業主婦、(2)正規就業、(3)非正規就業、そして(4)育休取得の4つだ。専業主婦が選ばれた場合、$d_{h,it} = 1$ となり、選ばれなかった場合は $d_{h,it} = 0$ とする。同様に、正規就業については $d_{r,it}$、非正規就業は $d_{n,it}$、そして育休取得の有無は $d_{l,it}$ という2値変数で表現する。これら4つの選択肢のうちどれか1つだけが必ず選ばれるものとする。

また、妊娠の有無については $d_{f,it}$ で表し、$d_{f,it} = 1$ ならば $t+1$ 年に出産し、そうでなければ $d_{f,it} = 0$ となる。45歳を過ぎると妊娠しないものとする。

就業について4つの選択肢、妊娠について2つの選択肢があるため、組み合わせて8つの選択肢があることになる。これらを集めた意思決定を表すベクトルを、以下のように書く。

$$d_{it} = (d_{h,it}, d_{r,it}, d_{n,it}, d_{l,it}, d_{f,it})$$

■ 状態変数

このモデルにおいて、育休取得は、働いてはいないが雇用契約を保持した状態を指す。正規雇用契約の有無を表す2値変数を $e_{r,it}$、非正規雇用契約の有無を表す2値変数を $e_{n,it}$ とし、$e_{it} = (e_{r,it}, e_{n,it})$ を雇用状態ベクトルと定義する。

状態変数には、年齢 a_{it}、主婦累計年数 $x_{h,it}$、正規就業経験年数 $x_{r,it}$、非正規就業経験年数 $x_{n,it}$、末子年齢 $a_{k,it}$、子どもの数 n_{it}、夫の年収 $y_{m,it}$、昨年の就業・妊娠についての意思決定ベクトル d_{it-1}、昨年の雇用状態ベクトル e_{it-1}、そして暦年 τ があり、これらを要素として持つ状態変数ベクトルは S_t とする。なおこのモデルの文脈において、**状態変数**とは、意思決定上必要な現在の状況を示す変数である。

状態変数のうち、夫の年収だけが確率変数であるが、これについて
は後ほど詳述する。人々は、モデルと整合的な形で将来の状態変数の
分布を予想する（**合理的期待**）が、育休制度の変更については事前に
予想されなかった外生的な変化であるものとする。このことはモデル
上では、人々は暦年 τ が来年も続くことを想定しているものとして表
される。この場合、人々はマクロ経済状態や育休制度が今年と来年で
変わらないと期待していることを意味する。

■ **選好**

　消費から得られる効用は、以下のように表される。

$$u(C_{it}, n_{it}, d_{it}) = \alpha(d_{it}, n_{it}) \cdot C_{it}$$
$$= [\alpha_1 + \alpha_2 d_{r,it} + \alpha_3 d_{n,it} + \alpha_4 \sqrt{n_{it}}] \cdot C_{it}$$

この定式化のもとでは、消費の限界効用が就業状態と子どもの数に応
じて変化する。なお、$\alpha_2 < 0$ かつ $\alpha_3 < 0$ のとき、夫の年収が高いほ
ど妻の労働供給確率が下がる。

　計算を単純化するため、貯蓄は行わず所得をすべて消費するものと
する。このとき、家計の予算制約は、以下の式で与えられる。

$$C_{it} = y_{m,it} + d_{r,it} y_{r,it} + d_{n,it} y_{n,it} + d_{l,it} b_{it} - (d_{r,it} + d_{n,it}) CC(a_{k,it})$$

ここで、$y_{m,it}$ は夫の年収、$y_{r,it}$ と $y_{n,it}$ はそれぞれ自身が正規・非正規
就業した際の年収、b_{it} は育休給付金、$CC(\cdot)$ は保育費用で末子の年齢
に応じて変化するものとする。これら年収や給付金、保育費用がどの
ように決まるのかについては後ほど説明する。

　正規、あるいは非正規就業することで得られる非金銭的な効用は、
以下の式で表される。

$$v_{j,it} = \gamma_{ij,1} + \gamma_{j,2} d_{h,it-1} + \gamma_{j,3} e_{k \neq j,it-1} + \gamma_{j,4} d_{l,it-1} e_{j,it-1}$$
$$+ \gamma_{j,5} \sqrt{n_{it}} + \gamma_{j,6}(a_{k,it}) + \gamma_{j,7} UR_t$$

ただし添字 j は就業形態を表し、n か r となる。ここでパラメター

$\gamma_{ij,1}$ は就業すること自体に対する選好を表し、個人間で異なりうる。右辺第2項は、昨年専業主婦だった人が新たに就業することの（不）効用、右辺第3項は、非正規から正規、あるいは逆に正規から非正規就業に移ることの（不）効用、そして右辺第4項は、昨年育休を取得して今年復帰することの（不）効用である。これらの（不）効用は就業状態を変更する際にかかるコストであるので、主に職探しコストを反映していると考えられる。したがって、育休により雇用保障が提供されるもとでは、$\gamma_{j,4}$ はゼロに近い値をとるはずである。

右辺第5、6項はそれぞれ、就業から得られる効用のうち、子どもの人数と末子年齢によって変化する部分である。なお、$\gamma_{j,6}(\cdot)$ は末子年齢によって異なる値をとる関数である。母親と過ごす時間が、子どもの健康や発達に影響を及ぼすと考えられている場合、就業から得られる効用は子どもの人数や年齢によって変化する。また、社会規範が母親の就業に対して否定的である場合、子どものいる女性が就業から得る効用も大きなマイナスの値をとるだろう。そして、出産後間もない期間では、母親自身の健康状態も万全ではないため就業によって不効用を得るかもしれないが、この点も末子年齢によってとらえることができる。最後の第7項は、マクロ経済状況の影響をとらえるため、失業率 UR_t を含んでいる。

■ 育休取得の取引費用

このモデルの特徴の1つは、育休取得を選択肢として明示的に含めている点だ。有資格者のほとんどが育休を取得しているような社会ならばともかく、分析にもちいた日本のデータでは有資格者の6割程度しか育休を取得していない。たしかに育休は復職することが前提となっているが、育休取得後に復帰しなかったとしても、給付金の返還を求められるなどの罰則がないため、育休をとらないというのはみすみすお金をもらえる機会を逃していることに等しい。

この事実に対する1つの説明として、モデルでは育休取得に取引費用がかかるためだと考える。育休をとろうとすれば、職場の上司や同

僚と育休の時期、期間や育休中の仕事の引き継ぎについて話をしなければならないし、人事部ともやりとりをして手続きを進めなければならないが、この部分の手間や心理的な壁が取引費用として現れてくる。職場が育休取得に対して好意的であればこれらも大した問題とはならないだろうが、中小企業であれば育休で生じる欠員の穴を埋めることに苦労するため上司も同僚もよい顔をしないかもしれない。そのような場合には、育休取得を申し出ることにためらいを感じるだろう。

こうした議論をふまえて、育休取得から得られる効用は次のような形で定式化する。

$$v_{l,it} = v_{il,1} + v_{l,2}e_{r,it-1} + v_{l,3}ELG_{it} + v_{l,4}d_{l,it-1}(1 - ELG_{it})$$

ここで、ELG_{it} は法的な育休取得資格があれば1を、そうでなければ0をとるダミー変数である。育休取得資格があるのは、⑴末子の年齢が0歳で、⑵育休制度対象の職に就いている人である。正規就業では、分析期間を通じて育休制度の対象となるが、非正規就業が対象となるのは2005年以降である。

右辺第1項は、ベースの取引費用であり、これは個人間で異なりうる。第2項は、企業が正規と非正規就業者の間で異なった取り扱いをすることをふまえ、両者の間での取引費用の違いをとらえている。第3項は、法的に育休資格がある場合、育休取得の取引費用がどのように変化するのかをとらえている。法的に保証された権利であれば、そうでない場合に比べて、上司や同僚との交渉もスムーズだろう。第4項は育休延長時の取引費用である。

■ 子どもから得られる効用

子どもから得られる効用は、各期に受け取るのではなく、妊娠した時点でまとめて受け取られるものとして考える。いつ効用を受け取るかというタイミングは出産の意思決定に影響しないためだ。具体的には、次のような効用関数を考える。

$$v_{f,it} = \gamma_{if,1} + \gamma_{f,2}d_{r,it} + \gamma_{f,3}d_{n,it} + \gamma_{f,4}(a_{it}) + \gamma_{f,5}(a_{k,it}, n_{it})$$

ここで右辺第1項は、個人間で異なり、子どもに対する選好の違いをとらえている。第2、3項は現在の就業状態の影響をとらえている。第4項は、母親自身の年齢の2次関数であり、年齢が上がるにつれて妊娠が難しくなることをとらえるために含めてある。第5項は、末子の年齢と現在の子どもの数の関数で、子どもの数に対する選好と、出産と出産の間の長さに対する選好をとらえようとしている。

■ 予算制約

母親自身の所得関数は就業形態ごとに異なり、次のような関数で与えられる。

$$y_{j,it} = \omega_{ji,1} + \omega_{j,2}(x_{j,it}, x_{k \neq j,it}) + \omega_{j,3}(x_{h,it}) + \omega_{j,4}(d_{it-1}) + \omega_{j,5}UR_t + \eta_{j,it}$$

ただし添字 j は就業形態を表し、n か r となる。第1項は各人が持っている固有の人的資本量で、分析期間を通じて一定であるが個人間では異なる。第2項は、就業形態別の経験年数の2次関数である。第3項は、家庭で過ごした年数の関数で、人的資本の減耗を測るために含まれている。第4項は昨年の就業状態についての関数で、新しく仕事をはじめる際に一時的に変化する人的資本量をとらえている。第5項は失業率で、労働市場の状況が所得に及ぼす影響をとらえている。最後の第6項は誤差項で、平均0、分散 σ_j^2 の正規分布にしたがう。

育休を取得した場合、ボーナスを除く育休取得前の所得(ただし上限511万2000円)に所得代替率 R_t をかけた金額が支払われる。2008年の「賃金構造基本統計調査(賃金センサス)」によると、ボーナスを除いた所得は正規就業者については年収の15分の12ほどが、非正規就業者については13分の12ほどが該当する。したがって、育休給付金は次の式で与えられる。

$$b_{it} = R_t \min \left[5.112, \ d_{r,it-1}\frac{12}{15}\hat{y}_{r,it} + d_{n,it-1}\frac{12}{13}\hat{y}_{n,it} \right]$$

ここで、$\hat{y}_{l,it}$ は推定される就業形態別の年収である。

夫の年収についての関数は、単純に状態変数の関数とし、そこに経済学的な意味は求めない。ここでは以下のように定式化している。

$$y_{m,it} = \omega_{mi,1}\, y_{m,it-1} + \omega_{m,3}(a_{it}) + \omega_{m,4}(a_{k,it}, n_{it}) + \omega_{m,5}(d_{it}) + \omega_{m,6}UR_t + \eta_{m,it}$$

つまり、夫の昨年の収入、妻の年齢、末子の年齢、子どもの数、妻の就業と出産についての選択、そして失業率の線形関数である。

保育費用は2003年の「地域児童福祉事業等調査」の結果を使い、末子年齢によって決まるものと単純化してモデルに組み込む。

$$CC(a_{k,it}) = [I(a_{k,it} = 0)\cdot 43{,}739 + I(a_{k,it} = 1)\cdot 40{,}660$$
$$+ I(a_{k,it} = 2)\cdot 38{,}179 + I(3 \le a_{k,it} \le 5)\cdot 34{,}181] \times 12 / 1{,}000{,}000$$

ここで $I(\cdot)$ はカッコ内が満たされれば1を、そうでなければ0をとる関数である。

■ 効用最大化問題

個人の目的は生涯効用の割引現在価値の最大化とする。この個人の価値関数 $V(\cdot)$ は次のように与えられる。

$$V(S_{it}, \varepsilon_{it}) = \max_{d_{it}} u(C_{it}, n_{it}, d_{it}) + d_{r,it}v_{r,it} + d_{n,it}v_{n,it} + d_{l,it}v_{l,it}$$
$$+ d_{f,it}v_{f,it} + \varepsilon_{it}(d_{it}) + \beta E[V(S_{it+1}, \varepsilon_{it+1})\,|\,S_{it}, d_{it}]$$

ここで、β は割引率で、$\varepsilon_{it}(d_{it})$ は選択肢ごとに与えられる選好ショックである。この式の右辺の前半（ε まで）は当期の効用であり、後半（β から）は将来効用の割引現在価値である。状態変数 S と選好ショック ε は確率変数であるから、期待値がとられている。

選好ショック $\varepsilon_{it}(d_{it})$ は、タイプ1の極値分布（ガンベル分布ともよばれる）にしたがうと仮定されることが多いが、その場合、この離散選択モデルはおなじみの**多項ロジットモデル**となる。離散選択モデルについてあまり詳しくない読者は、ひとまず「ロジットモデルの一種を使っているんだな」と理解して、次の節へ進んでほしい。

以下では、ある程度離散選択モデルについて知識がある読者に向けて、この研究ではどのようなモデルを利用しているのか概説する[9]。

　多項ロジットモデルには、選択確率が容易に計算できる、尤度関数が極大値を１つだけ持つため最大化しやすいなどの特徴があるため、離散選択モデルのなかでも最も広く使われているが、誤差項間の独立性という強い制約を持っている。この強い制約があると、シミュレーションから予測される選択確率が経済学的におかしな値を示してしまうことが知られている（the red-bus/blue-bus problem）。

　この問題を解決するためには、誤差項間の相関を許す必要があり、そうしたモデルのなかで最もよく知られているのは**入れ子ロジットモデル**とよばれるものだ。入れ子ロジットモデルにおいては、各選択肢は複数ある選択肢集合のうち１つだけに属し、同じ選択肢集合に含まれる選択肢同士は相関することが許されているが、異なる選択集合に含まれるものとは独立に分布する。この入れ子ロジットの扱いが難しい点の１つに、どの選択肢がどの集合に含まれるのかを事前に知っておかなければならないという点がある。

　この制約を緩め、１つの選択肢が複数の選択肢集合に含まれることを許したモデルが、**一般化入れ子ロジットモデル**である[10]。この研究において、$B_1, ..., B_4$ の４つの選択肢集合が存在する。選択肢集合 B_1 では、就業選択にかかわらず、妊娠しない（$d_{f,it} = 0$）選択肢すべてが含まれている。B_2 では就業選択にかかわらず、妊娠する選択肢（$d_{f,it} = 1$）すべてが含まれる。B_3 では妊娠についての選択にかかわらず、働く場合の選択肢すべて（$d_{r,it} = 1$ または $d_{n,it} = 1$）が含まれる。B_4 では妊娠についての選択にかかわらず、働かない場合の選択肢すべて（$d_{h,it} = 1$ または $d_{l,it} = 1$）が含まれる。

■ 異質性

　さまざまなパラメーターが個人間で異なるが、その違いを直接観測することはできない。こうした個人間の異質性は、**有限混合分布**（finite mixture）としてモデル化する。現在のモデルに即して説明すると、

人々は K 種類ある類型のうちの１つに属し、同じ類型に属する人々は共通のパラメーターを持つが、異なる類型に属する人々との間では異なるパラメーターを持つ。意思決定を行うモデルにおける個人は自分がどのタイプであるかを知っているが、分析者は誰がどのタイプに属するのか観測することができない。このモデルにおいて推定の対象となるのは、タイプごとのパラメーターと、各タイプの分布を記述するパラメーターである。

　ここでは、個人 i がある類型に属する確率は、はじめてデータに現れた年 $\tau(i)$ に観測された属性や選択の関数とする[11]。教育年数を edu_i とし、ベクトル $z_{i\tau(i)}$ を次のように定義する。

$$z_{i\tau(i)} = (d_{i\tau(i)}, S_{i\tau(i)}, edu_i)$$

個人 i が類型 k に属する確率は、以下の式で与えられる。

$$p_k(z_{i\tau(i)}) = \frac{\exp\left(\pi'_k z_{i\tau(i)}\right)}{\sum_{\kappa=1}^{K} \exp\left(\pi'_\kappa z_{i\tau(i)}\right)}$$

なお、正規化のために $\pi_{k=1} = 0$ とする。

■ 推定方法

　こうした構造モデルの推定は技術的にかなり複雑なので、その詳細は筆者の論文[12]に譲り、ここでは概要だけを記しておく。推定方法は、Kasahara and Shimotsu（2011）をベースとしている。そのうえで、さらに早く計算を行うために Arcidiacono et al.（2013）の方法をもちいて価値関数の近似を行っている。加えて、観測されない個人間の異質性があるため、Arcidiacono and Jones（2003）が示した EM アルゴリズムを利用している。

　これら３つのアルゴリズムを組み合わせることが応用上有効であることをはじめて示した点は、この研究の方法論上の１つの特徴だ。

■ おわりに

日本の研究者には、従来から経済理論やプログラミングといった技術面に比較優位を持っている人が多く、構造推定アプローチが向いているのではないかと筆者は感じている。北欧諸国などに比べるとデータの質・量の両面で明らかに劣る日本で研究を行うならば、構造推定アプローチを活用して有益な知見を見出していくというのは1つの有効な研究戦略ではないだろうか。

☞ 注

1）Bauernschuster, Hener and Rainer（2016）.

2）たとえば、Asai, Kambayashi and Yamaguchi（2015）.

3）この他にも外生性についてさまざまな細かい論点を上げることができるが、詳細は Yamaguchi, Asai and Kambayashi（2018b）を参照してほしい。

4）Schönberg and Ludsteck（2014）.

5）MTE は Björklund and Moffitt（1987）や Heckman and Vytlacil（2005）により発展してきた。その優れたサーベイとして Heckman and Vytlacil（2007）、Cornelissen et al.（2016）があるので適宜参照してほしい。

6）Cornelissen et al.（2016）.

7）Yamaguchi, Asai and Kambayashi（2018a）.

8）これらの導出については、Heckman and Vytlacil（2007）、あるいは Cornelissen et al.（2016）を参照してほしい。

9）ここでの前提知識やより詳細な説明は、離散選択モデルの代表的な教科書である Train（2009）を参照してほしい。

10）Wen and Koppelman（2001）.

11）Wooldridge（2005）で提唱されている方法にしたがっている。

12）Yamaguchi（2019）.

・・● 参考文献一覧 ●・・

■ 日本語文献

赤林英夫（2007）「丙午世代のその後——統計から分かること」『日本労働研究雑誌』
　569号：17-28。

岡田章（2011）『ゲーム理論（新版）』有斐閣。

岡田章（2014）『ゲーム理論・入門——人間社会の理解のために（新版）』有斐閣。

川口大司（2017）『労働経済学——理論と実証をつなぐ』有斐閣。

山口慎太郎（2019）『「家族の幸せ」の経済学——データ分析でわかった結婚、出産、
　子育ての真実』光文社新書。

渡辺隆裕（2008）『ゼミナール　ゲーム理論入門』日本経済新聞出版社。

■ 英語文献

Andresen, M. E. and Havnes, T.（2016）"Child Care and Parental Labor Supply: A
New Look," Working Paper, University of Oslo.

Apps, P. and Rees, R.（2004）"Fertility, Taxation and Family Policy," *Scandinavian
Journal of Economics*, 106（4）: 745-763.

Arcidiacono, P. and Jones, J. B.（2003）"Finite Mixture Distributions, Sequential
Likelihood and the EM Algorithm," *Econometrica*, 71（3）: 933-946.

Arcidiacono, P., Bayer, P., Bugni, F. A. and James, J.（2013）"Approximating High-
dimensional Dynamic Models: Sieve Value Function Iteration, Choo, E., and Shum,
M.（eds.）, *Structural Econometric Models, Advances in Econometrics*, 31: 45-95,
Emerald Group Publishing.

Asai, Y.（2015）"Parental Leave Reforms and the Employment of New Mothers:
Quasi-Experimental Evidence from Japan," *Labour Economics*, 36: 72-83.

Asai, Y., Kambayashi, R. and Yamaguchi, S.（2015）"Childcare Availability,
Household Structure, and Maternal Employment," *Journal of the Japanese and
International Economies*, 38: 172-192.

Asai, Y., Kambayashi, R. and Yamaguchi, S.（2016）"Crowding-Out Effect of
Subsidized Childcare: Why Maternal Employment Did Not Increase," SSRN
（http://dx.doi.org/10.2139/ssrn.2634283）.

Azmat, G. and González, L.（2010）"Targeting Fertility and Female Participation
through the Income Tax," *Labour Economics*, 17（3）: 487-502.

Baker, M. and Milligan, K.（2008a）"How Does Job-Protected Maternity Leave Affect
Mothers' Employment?" *Journal of Labor Economics*, 26（4）: 655-691.

Baker, M. and Milligan, K.（2008b）"Maternal Employment, Breastfeeding, and
Health: Evidence from Maternity Leave Mandates," *Journal of Health Economics*,
27（4）: 871-887.

Baker, M. and Milligan, K.（2015）"Maternity Leave and Children's Cognitive and

Behavioral Development," *Journal of Population Economics*, 28(2): 373-391

Baker, M., Gruber, J. and Milligan, K. (2008) "Universal Child Care, Maternal Labor Supply, and Family Well-Being," *Journal of Political Economy*, 116(4): 709-745.

Baker, M., Gruber, J. and Milligan, K. (2015) "Non-Cognitive Deficits and Young Adult Outcomes: The Long-Run Impacts of a Universal Child Care Program," NBER Working Paper, 21571.

Bassok, D., Fitzpatrick, M., Greenberg, E. and Loeb, S. (2016) "Within- and Between-Sector Quality Differences in Early Childhood Education and Care," *Child Development*, 87(5): 1627-1645

Bauernschuster, S. and Schlotter, M. (2015) "Public Child Care and Mothers' Labor Supply - Evidence from Two Quasi-Experiments," *Journal of Public Economics*, 123: 1-16.

Bauernschuster, S., Hener, T. and Rainer, H. (2016) "Children of a (Policy) Revolution: The Introduction of Universal Child Care and Its Effect on Fertility," *Journal of the European Economic Association*, 14(4): 975-1005.

Baughman, R. and Dickert-Conlin, S. (2003) "Did Expanding the EITC Promote Motherhood?" *American Economic Review*, 93(2): 247-251.

Baughman, R. and Dickert-Conlin, S. (2009) "The Earned Income Tax Credit and Fertility," *Journal of Population Economics*, 22(3): 537-563.

Becker, G. S. and Lewis, H. G. (1973) "On the Interaction between the Quantity and Quality of Children," *Journal of Political Economy*, 81(2-2): S279-S288.

Berlinski, S. and Galiani, S. (2007) "The Effect of a Large Expansion of Pre-Primary School Facilities on Preschool Attendance and Maternal Employment," *Labour Economics*, 14(3): 665-680.

Berlinski, S., Galiani, S. and Gertler, P. (2009) "The Effect of Pre-Primary Education on Primary School Performance," *Journal of Public Economics*, 93(1-2): 219-234.

Bettendorf, L. J., Jongen, E. L., and Muller, P. (2015) "Childcare Subsidies and Labour Supply: Evidence from a Large Dutch Reform," *Labour Economics*, 36: 112-123.

Björklund, A. and Moffitt, R. (1987) "The Estimation of Wage Gains and Welfare Gains in Self-Selection Models, *Review of Economic and Statistics*, 69(1): 42-49.

Black, S. E., Devereux, P. J. and Salvanes, K. G. (2005) " The More the Merrier? The Effect of Family Size and Birth Order on Children's Education," *Quarterly Journal of Economics*, 120(2): 669-700.

Black, S. E., Devereux, P. J. and Salvanes, K. G. (2007) "From the Cradle to the Labor Market? The Effect of Birth Weight on Adult Outcomes," *Quarterly Journal of Economics*, 122(1): 409-439.

Brewer, M., Ratcliffe, A. and Smith, S. (2012) "Does Welfare Reform Affect Fertility? Evidence from the UK," *Journal of Population Economics*, 25(1): 245-266.

Brewer, M., Cattan, S., Crawford, C. and Rabe, B. (2014) "The Impact of Free, Universal Pre-School Education on Maternal Labour Supply," Institute for Fiscal

Studies.

Canaan, S. (2019) "Parental Leave, Intra-Household Specialization and Children's Well-Being," IZA Discussion Paper Series, 12420.

Carneiro, P., Løken, K. V. and Salvanes, K. G. (2015) "A Flying Start? Maternity Leave Benefits and Long-Run Outcomes of Children," *Journal of Political Economy*, 123(2): 365-412.

Cascio, E. U. (2009) "Maternal Labor Supply and the Introduction of Kindergartens into American Public Schools," *Journal of Human Resources*, 44(1): 140-170.

Cascio, E. U. and Schanzenbach, D. W. (2013) "The Impacts of Expanding Access to High-Quality Preschool Education," *Brookings Papers on Economic Activity*, FALL 2013: 127-178.

Cattan, S. (2016) "Can Universal Preschool Increase the Labor Supply of Mothers?" IZA World of Labor, 2016: 312.

Charrois, J., Côté, S. M., Japel, C., Séguin, J. R., Paquin, S., Tremblay, R. E. and Herba, C. M. (2017) "Child-Care Quality Moderates the Association between Maternal Depression and Children's Behavioural Outcome," *Journal of Child Psychology and Psychiatry*, 58(11): 1210-1218.

Cohen, A. and Siegelman, P. (2010) "Testing for Adverse Selection in Insurance Markets," *Journal of Risk and Insurance*, 77(1): 39-84.

Cohen, A., Dehejia, R. and Romanov, D. D. (2013) "Financial Incentives and Fertility," *Review of Economics and Statistics*, 95(1): 1-20.

Cornelissen, T., Dustmann, C., Raute, A. and Schönberg, U. (2016) "From LATE to MTE: Alternative Methods for the Evaluation of Policy Interventions," *Labour Economics*, 41: 47-60.

Cornelissen, T., Dustmann, C., Raute, A. and Schönberg, U. (2018) "Who Benefits from Universal Child Care? Estimating Marginal Returns to Early Child Care Attendance," *Journal of Political Economy*, 126(6): 2356-2409.

Cunha, F. and Heckman, J. (2007) "The Technology of Skill Formation," *American Economic Review*, 97(2): 31-47.

Cunha, F., Heckman, J. J. and Schennach, S. M. (2010) "Estimating the Technology of Cognitive and Noncognitive Skill Formation," *Econometrica*, 78(3): 883-931.

Currie, J. and Schwandt, H. (2013) "Within-Mother Analysis of Seasonal Patterns in Health at Birth," *Proceedings of the National Academy of Sciences*, 110 (30): 12265-12270.

Cygan-Rehm, K. (2016) "Parental Leave Benefit and Differential Fertility Responses: Evidence from a German Reform," *Journal of Population Economics*, 29 (1): 73-103.

Dahl, G. B., Løken, K. V., Mogstad, M. and Salvanes, K. V. (2016) "What Is the Case for Paid Maternity Leave?" *Review of Economics and Statistics*, 98(4): 655-670.

Danzer, N. and Lavy, V. (2018) "Paid Parental Leave and Children's Schooling

Outcomes," *Economic Journal*, 128(608): 81-117.

Doepke, M. and Kindermann, F. (2019) "Bargaining over Babies: Theory, Evidence, and Policy Implications," *American Economic Review*, 109(9): 3264-3306.

Drange, N. and Havnes, T. (2019) "Early Child Care and Cognitive Development: Evidence from an Assignment Lottery," *Journal of Labor Economics*, 37 (2): 581-620.

Dustmann, C. and Schönberg, U. (2012) "Expansions in Maternity Leave Coverage and Children's Long-Term Outcomes," *American Economic Journal: Applied Economics*, 4(3): 190-224.

Elango, S., García, J. L., Heckman, J. J. and Hojman, A. (2016) "Early Childhood Education," in Robert A. Moffit (ed.), *Economics of Means-Tested Transfer Programs in the United States*, Vol.2, University of Chicago Press: 235-297.

Felfe, C. and Lalive, R. (2018) "Does Early Child Care Affect Children's Development?" *Journal of Public Economics*, 159 (C): 33-53.

Felfe, C., Nollenberger, N. and Rodríguez-Planas, N. (2015) "Can't Buy Mommy's Love? Universal Childcare and Children's Long-Term Cognitive Development," *Journal of Population Economics*, 28(2): 393-422.

Feyrer, J., Sacerdote, B. and Stern, A. D. (2008) "Will the Stork Return to Europe and Japan? Understanding Fertility within Developed Nations," *Journal of Economic Perspectives*, 22(3): 3-22.

Fitzpatrick, M. D. (2010) "Preschoolers Enrolled and Mothers at Work? The Effects of Universal Prekindergarten," *Journal of Labor Economics*, 28(1): 51-85.

Fitzpatrick, M. D. (2012) "Revising Our Thinking About the Relationship between Maternal Labor Supply and Preschool," *Journal of Human Resources*, 47 (3): 583-612.

Fort, M., Ichino, A. and Zanella, G. (2020) "Cognitive and Non-Cognitive Costs of Daycare 0-2 for Children in Advantaged Families," *Journal of Political Economy*, 128(1): 158-205.

Francesconi, M. and van der Klaauw, W. (2007) "The Socioeconomic Consequences of 'In-Work' Benefit Reform for British Lone Mothersm," *Jornal of Human Resourse*, XLII(1): 1-31.

Fukai, T. (2017) "Childcare Availability and Fertility: Evidence from Municipalities in Japan," *Journal of the Japanese and International Economies*, 43: 1-18.

García, J. L., Heckman, J. J., Leaf, D. E. and Prados, M. J. (2016) "The Life-Cycle Benefits of an Influential Early Childhood Program," NBER Working Paper, 22993.

Gathmann, C., Sass, B. (2018) "Taxing Childcare: Effects on Childcare Choices, Family Labor Supply, and Children," *Journal of Labor Economics*, 36(3): 665-709.

Gauthier, A. H. and Hatzius, J. (1997) "Family Benefits and Fertility: An Econometric Analysis," *Population Studies*, 51(3): 295-306.

Gelbach, J. B., (2002) "Public Schooling for Young Children and Maternal Labor

Supply," *American Economic Review*, 92(1): 307-322.

Givord, P. and Marbot, C. (2015) "Does the Cost of Child Care Affect Female Labor Market Participation? An Evaluation of a French Reform of Childcare Subsidies," *Labour Economics*, 36: 99-111.

González, L. (2013) "The Effect of a Universal Child Benefit on Conceptions, Abortions, and Early Maternal Labor Supply," *American Economic Journal: Economic Policy*, 5(3): 160-188.

Goodman, R. (2001) "Psychometric Properties of the Strengths and Difficulties Questionnaire," *Journal of the American Academy of Child & Adolescent Psychiatry*, 40(11): 1337-1345.

Goux, D. and Maurin, E. (2010) "Public School Availability for Two-Year Olds and Mothers' Labour Supply," *Labour Economics*, 17(6): 951-962.

Gupta, N. D. and Simonsen, M. (2010) "Non-Cognitive Child Outcomes and Universal High Quality Child Care," *Journal of Public Economics*, 94(1-2): 30-43.

Haeck, C., Lefebvre, P. and Merrigan, P. (2015) "Canadian Evidence on Ten Years of Universal Preschool Policies: The Good and the Bad," *Labour Economics*, 36: 137-157.

Havnes, T. and Mogstad, M. (2011) "Money for Nothing? Universal Child Care and Maternal Employment," *Journal of Public Economics*, 95(11-12): 1455-1465.

Heckman, J. J. and Vytlacil, E. (2005) "Structural Equations, Treatment Effects, and Econometric Policy Evaluation 1," *Econometrica*, 73(3): 669-738.

Heckman, J. J. and Vytlacil, E. J. (2007) "Econometric Evaluation of Social Programs, Part II: Using the Marginal Treatment Effect to Organize Alternative Econometric Estimators to Evaluate Social Programs, and to Forecast their Effects in New Environments," *Handbook of Econometrics*, Vol. 6, Part B: 4875-5143.

Heckman, J. J., Moon, S. H., Pinto, R., Savelyev, P. A. and Yavitz, A. (2010) "The Rate of Return to the HighScope Perry Preschool Program," *Journal of Public Economics*, 94(1-2): 114-128.

Heckman, J., Pinto, R. and Savelyev, P. (2013) "Understanding the Mechanisms Through which an Influential Early Childhood Program Boosted Adult Outcomes," *American Economic Review*, 103(6): 2052-2086.

Kachi, Y., Kato, T. and Kawachi, I. (2020) "Socio-Economic Disparities in Early Childhood Education Enrollment: Japanese Population-Based Study," *Journal of Epidemiology*, 30(3): 143-150.

Kasahara, H. and Shimotsu, K. (2011) "Sequential Estimation of Dynamic Programming Models with Unobserved Heterogeneity," Discussion Papers 2011-03, Graduate School of Economics, Hitotsubashi University.

Kline, P. and Walters, C. R. (2016) "Evaluating Public Programs with Close Substitutes: The Case of Head Start," *Quarterly Journal of Economics*, 131 (4): 1795-1848.

Knobloch, H., Stevens, F., Malone, A., Ellison, P. and Risemberg, H. (1979) "The Validity of Parental Reporting of Infant Development," *Pediatrics*, 63(6): 872–878.

Lalive, R. and Zweimüller, J. (2009) "How does Parental Leave Affect Fertility and Return to Work? Evidence from Two Natural Experiments," *Quarterly Journal of Economics*, 124(3): 1363–1402.

Lalive, R., Schlosser, A. A., Steinhauer, A. and Zweimüller, J. (2014) "Parental Leave and Mothers' Careers: The Relative Importance of Job Protection and Cash Benefits," *Review of Economic Studies*, 81(1): 219–265.

Laroque, G. and Salanié, B. (2014) "Identifying the Response of Fertility to Financial Incentives," *Journal of Applied Economics*, 29(2): 314–332.

Lefebvre, P. and Merrigan, P. (2008) "Child-Care Policy and the Labor Supply of Mothers with Young Children: A Natural Experiment from Canada," *Journal of Labor Economics*, 26(3): 519–548.

Liu, Q. and Skans, O. N. (2010) "The Duration of Paid Parental Leave and Children's Scholastic Performance," *B. E. Journal of Economic Analysis & Policy*, 10(1).

Lundin, D., Mörk, E. and Öckert, B. (2008) "How Far can Reduced Childcare Prices Push Female Labour Supply?" *Labour Economics*, 15(4): 647–659.

Malak, N., Rahman, M. M. and Yip, T. A. (2019) "Baby Bonus, Anyone? Examining Heterogeneous Responses to a Pro-natalist Policy," *Journal of Population Economics*, 32(4): 1205–1246.

Malkova, O. (2018) "Can Maternity Benefits Have Long-Term Effects on Childbearing? Evidence from Soviet Russia," *Review of Economics and Statistics*, 100(4): 691–703.

Milligan, K. (2005) "Subsidizing the Stork: New Evidence on Tax Incentives and Fertility," *Review of Economics and Statistics*, 87(3): 539–555.

Mörk, E., Sjögren, A. and Svaleryd, H. (2013) "Childcare Costs and the Demand for Children - Evidence from a Nationwide Reform," *Journal of Population Economics*, 26(1): 33–65.

Nishitateno, S. and Shikata, M. (2017) "Has Improved Daycare Accessibility Increased Japan's Maternal Employment Rate? Municipal Evidence From 2000–2010," *Journal of the Japanese and International Economies*, 44: 67–77.

Nollenberger, N. and Rodriguez-Planas, N. (2015) "Full-Time Universal Childcare in a Context of Low Maternal Employment: Quasi-Experimental Evidence from Spain," *Labour Economics*, 36: 124–136.

Okuzono, S., Fujiwara, T., Kato, T. and Kawachi, I. (2017) "Spanking and Subsequent Behavioral Problems in Toddlers: A Propensity Score-Matched, Prospective Study in Japan," *Child Abuse & Neglect*, 69: 62–71.

Olivetti, C. and Petrongolo, B. (2017) "The Economic Consequences of Family Policies: Lessons from a Century of Legislation in High-Income Countries," *Journal of Economic Perspectives*, 31(1): 205–230.

Osborne, M. and Rubinstein, A. (1994) *A Course in Game Theory*, MIT Press.

Rasmussen, A. W. (2010) "Increasing the Length of Parents' Birth-Related Leave: The Effect on Children's Long-Term Educational Outcomes," *Labour Economics*, 17(1): 91–100.

Raute, A. (2019) "Can Financial Incentives Reduce the Baby Gap? Evidence from a Reform in Maternity Leave Benefits," *Journal of Public Economics*, 169: 203–222.

Rindfuss, R. R., Guilkey, D. K., Morgan, S. P. and Kravdal, Ø. (2010) "Child-Care Availability and Fertility in Norway," *Population and Development Review*, 36(4): 725–748.

Rindfuss, R. R., Guilkey, D. K., Morgan, S. P., Kravdal, Ø. and Guzzo, K. B. (2007) "Child Care Availability and First-Birth Timing in Norway," *Demography*, 44(2): 345–372.

Riphahn, R. T. and Wiynck, F. (2017) "Fertility Effects of Child Benefits," *Journal of Population Economics*, 30(4): 1135–1184.

Rohlfs, C., Reed, A. and Yamada, H. (2010) "Causal Effects of Sex Preference on Sex-Blind and Sex-Selective Child Avoidance and Substitution across Birth Years: Evidence from the Japanese Year of the Fire Horse," *Journal of Development Economics*, 92(1): 82–95.

Ruhm, C. J. (1998) "The Economic Consequences of Parental Leave Mandates: Lessons from Europe," *Quarterly Journal of Economics*, 113(1): 285–317.

Schönberg, U. and Ludsteck, J. (2014) "Expansions in Maternity Leave Coverage and Mothers' Labor Market Outcomes after Childbirth," *Journal of Labor Economics*, 32(3): 469–505.

Schoonbroodt, A. and Tertilt, M. (2014) "Property Rights and Efficiency in OLG Models with Endogenous Fertility," *Journal of Economic Theory*, 150: 551–582.

Shigeoka, H. (2015) "School Entry Cutoff Date and the Timing of Births," NBER Working Paper, 21402.

Takaku, R. (2019) "The Wall for Mothers with First Graders: Availability of Afterschool Childcare and Continuity of Maternal Labor Supply in Japan," *Review of Economics of the Household*, 17(1): 177–199.

Tanaka, S. (2005) " Parental Leave and Child Health Across OECD Countries," *Economic Journal*, 115(501): F7–F28.

Train, K. E. (2009) *Discrete Choice Methods with Simulation*, 2nd. ed., Cambridge University Press.

van Huizen, T., Dumhs, L. and Plantenga, J. (2019) "The Costs and Benefits of Investing in Universal Preschool: Evidence from a Spanish Reform," *Child Development*, 90(3): e386–e406.

Weiland, C. and Yoshikawa, H. (2013) "Impacts of a Prekindergarten Program on Children's Mathematics, Language, Literacy, Executive Function, and Emotional Skills," *Child Development*, 84(6): 2112–2130.

Wen, C.-H. and Koppelman, F. S. (2001) "The Generalized Nested Logit Model," *Transportation Research Part B: Methodological*, 35(7): 627–641.

Wooldridge, J. M. (2005) "Simple Solutions to the Initial Conditions Problem in Dynamic, Nonlinear Panel Data Models with Unobserved Heterogeneity," *Journal of Applied Econometrics*, 20(1): 39–54.

Yamada, H. (2013) "Superstition Effects versus Cohort Effects: is It Bad Luck to Be Born in the Year of the Fire Horse in Japan?" *Review of Economics of the Household*, 11(2): 259–283.

Yamaguchi, S. (2019) "Effects of Parental Leave Policies on Female Career and Fertility Choices," *Quantitative Economics*, 10(3): 1195–1232.

Yamaguchi, S., Asai, Y. and Kambayashi, R. (2018a) "Effects of Subsidized Childcare on Mothers' Labor Supply under a Rationing Mechanism," *Labour Economics*, 55: 1–17.

Yamaguchi, S., Asai, Y. and Kambayashi, R. (2018b) "How Does Early Childcare Enrollment Affect Children, Parents, and Their Interactions?" *Labour Economics*, 55: 56–71.

■ 著者紹介

山口 慎太郎（やまぐち・しんたろう）
東京大学大学院経済学研究科教授。

1999年、慶應義塾大学商学部卒業。2006年、ウィスコンシン大学マディソン校にて経済学博士号（Ph.D.）を取得。マクマスター大学助教授・准教授、東京大学大学院経済学研究科准教授を経て、2019年より現職。専門は、結婚・出産・子育てなどを経済学的手法で研究する「家族の経済学」と、労働市場を分析する「労働経済学」。

2019年に出版した『「家族の幸せ」の経済学——データ分析でわかった結婚、出産、子育ての真実』（光文社新書）では、第41回サントリー学芸賞を受賞。同書は、「『週刊ダイヤモンド』ベスト経済書2019」の第1位にも選出。その他、査読付き国際学術雑誌に、本書で紹介した論文をはじめ多数の論文を発表している。

自身のホームページ（https://sites.google.com/site/shintaroyamaguchi/）やツイッター（@sy_mc）でも、多数の情報発信を行っている。

こそだ　しえん　けいざいがく
子育て支援の経済学

2021年1月20日　第1版第1刷発行

著　者　山口慎太郎
発行所　株式会社日本評論社
　　　　〒170-8474　東京都豊島区南大塚3-12-4
　　　　電話　03-3987-8621（販売）　03-3987-8595（編集）
　　　　https://www.nippyo.co.jp/　　振替　00100-3-16
印刷所　精文堂印刷株式会社
製本所　株式会社難波製本
装　幀　溝田恵美子